开心 즐겁다

카이신 중국어 회화 4

다락원

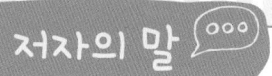

탄탄한 기본기를 다지기 위한 프로젝트!

–카이신호(號)와 함께 떠나는 중국어 일주~

여러 해 동안 책을 쓰다 보니 이제 이력이 날만도 한데, 한 권 한 권 마주할 때마다 신인배우처럼 설레고 겁이 납니다. 특히 첫걸음 책을 쓸 때면 다른 책을 쓸 때와는 또 다른 묵직한 책임감을 느끼게 되는데요, 아마도 그건 우리의 삶에서 '친구'가 중요하듯이, 학습자들에게 있어 '교재' 또한 '좋은 친구'만큼이나 중요한 것임을 알기 때문인 것 같습니다.

외국어를 배우는 학습자라면 모두 겪게 되는 왕초보 단계. 최대한 빨리 왕초보 수준을 벗어나고 싶은 마음은 누구나 마찬가지겠지만, 마음만 급하다고 빨리 벗어날 수 있는 것은 아니지요. 또 이 시기에 기본기를 탄탄하게 다져놓지 않으면 앞으로의 중국어 인생에 어둠의 그림자가 짙게 깔릴 것은 불을 보듯 뻔하고요. 그렇다 보니 어떻게 하면 '왕초보 시절'을 잘 보낼 수 있는 교재를 만들 수 있을까 고민을 많이 하게 됩니다.

『카이신 중국어 회화』 시리즈는 이왕 배우기 시작한 중국어를 '재미있고! 신나게! 즐겨보자'라는 뜻에서, 한 과 한 과를 놀이공원처럼 꾸며봤습니다. 본문 내용은 한 가족의 일상생활을 시트콤처럼 엮었고, 한 과를 다 배우고 나면 '나만의 복습 다이어리'라는 코너를 통해 중요한 내용을 확인하며 정리할 수 있도록 했지요. 여기에 피가 되고 살이 되는 학습 노하우를 담고, 따로 연습하기 힘든 필수 간체자를 써 볼 수 있는 코너까지 덤으로 마련했답니다.

네? 겨우 이것 가지고 특별한 책인 양 얘기하느냐고요? 차근차근 한 번 넘겨보세요. 곳곳에 여러분의 기본기를 팍팍 다져 줄 스펙터클한 놀 거리를 많이 숨겨두었으니까요.

외국어를 잘 한다는 것은 쉽지 않지만, 그렇다고 '나만 안 되는 일'도 아닙니다.

그러니 남들보다 조금 늦다고, 발음·성조가 맘대로 안 된다고 서둘러 포기하지 않으셨으면 합니다. 공부를 하다 보면 중간중간 포기하고 싶은 유혹이 있겠지만, 그 유혹을 과감히 뿌리치고 끝까지 노력한다면 여러분은 틀림없이 중국어 고수가 되어 '왕초보 시절'의 무용담을 얘기할 수 있을 것입니다.

그리고 어떤 일을 잘해내기 위해서는 목표가 필요하듯이 이 책을 펼친 여러분도 중국어를 배우려는 목표가 무엇인지 확실하게 설정하면 조금 더 빨리 중국어와 친해질 수 있을 것입니다. 하다못해 '부모님을 기쁘게 해드리려고!'라는 막연한 목표라도 세우면, 목표가 없는 것보다 훨씬 나으니 여러분의 목표가 무엇인지 한번 생각해 보세요. 그 다음에는 "난 꼭 해낼 수 있어!"하고 여러분 자신을 믿어보세요.

여러분은 이제 곧 카이신호(號)와 중국어 일주를 떠날 텐데요.

이번 중국어 일주를 통해 중국어를 만나 이해하고, 또 그러다 중간에 한두 번쯤 티격태격하기도 하면서 많은 추억을 안고 돌아온 후에는 여러분의 중국어 기본기가 난공불락의 요새처럼 탄탄하게 다져져 있기를 희망해 봅니다.

사람들은 보통 상상을 초월하는 거창한 일이 일어났을 때 기적이란 말을 쓰지만, 필자가 보기에는 중국어의 'ㅈ' 자도 모르던 왕초보 학습자가 어느 날 중국어로 말할 때, 그것이 더 멋진 기적이라고 느껴집니다.

비록 책을 통해서지만 학습자 여러분과 중국어 이야기를 나누고 공감할 수 있음에 감사드립니다. 여러분이 매일 조금씩 만들어가는 '중국어 기적', 계속 기대해도 되겠지요?

끝으로, 귀한 시간을 내어 이 책의 감수를 맡아 주신 동덕여자대학교 중어중국학과 홍준형 교수님과 교정에 도움을 주신 张全用 선생님께 감사의 마음을 전합니다.

고맙습니다.

한민이

이 책의 활용

01~05과, 07~11과는 다음과 같이 구성되어 있습니다.

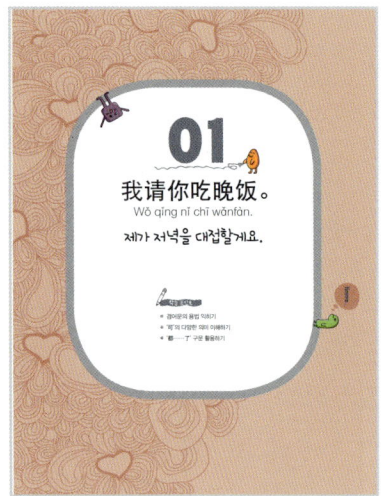

✤ 학습 포인트
각 과에서 배울 내용이 무엇인지 일목요연하게 정리되어 있어요. 이번 과의 학습 내용을 확인해 보세요.

✤ 나의 회화 수첩
세 가지 상황으로 나누어진 회화문을 통해 자연스러운 중국어 표현을 학습할 수 있습니다. 회화 표현에 나오는 새 단어도 바로바로 확인해 보세요.

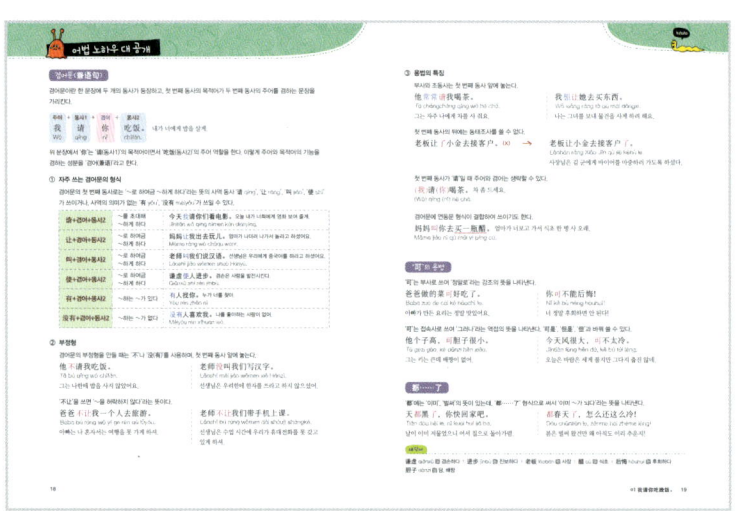

✤ 어법 노하우 대 공개
본문 회화 표현에 나온 핵심 어법을 쉬운 설명과 다양한 예문으로 정리할 수 있어요.

✤ 숨겨 둔 문장 실력
교체 연습을 통해 본문에서 배운 표현을 확장할 수 있습니다.

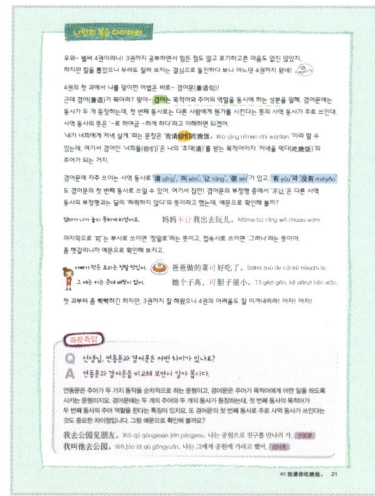

✱ 나만의 복습 다이어리
학습한 내용을 일기 형식으로 정리해 볼 수 있습니다.

✱ 차근차근 실력 확인
학습한 내용을 바탕으로 한 연습문제를 통해 부족한 부분을 점검하며 실력을 다져 보세요.

✱ 발음 · 성조 클리닉
원어민의 정확한 발음을 따라 해 보며 발음의 기본기를 다져 보세요.

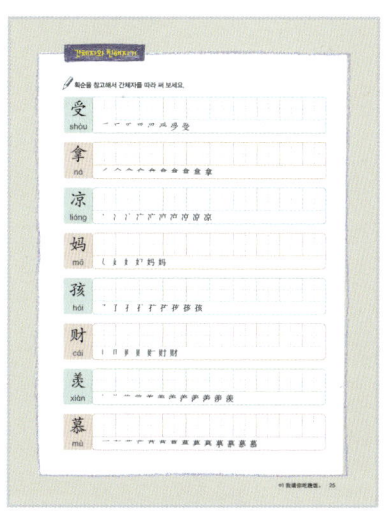

✱ 간체자와 친해지기
획순을 참고해서 간체자를 연습해 보세요.

✱ **중국문화 속으로 풍덩**

다양한 주제의 중국문화와 관련된 글을 통해
중국을 좀 더 이해할 수 있어요.

06과와 12과는 복습과입니다. 06과는 01~05과의 내용을, 12과는 07~11과의 내용을 복습할 수 있습니다.

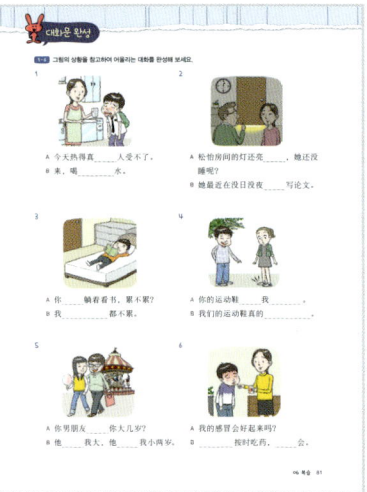

MP3 다운로드

- MP3 음원은 다락원 홈페이지(www.darakwon.co.kr)에서 무료로 다운로드 받으실 수 있습니다.
- 스마트폰으로 QR코드를 스캔하면 MP3 다운로드 및 실시간 재생 가능한 페이지로 바로 연결됩니다.

차례

저자의 말 / 2
이 책의 활용 / 4
차 례 / 7
1권의 학습 내용 / 8
2권의 학습 내용 / 9
3권의 학습 내용 / 10
4권의 학습 내용 / 12
일러두기 / 14

01 我请你吃晚饭。 제가 저녁을 대접할게요. 15
Wǒ qǐng nǐ chī wǎnfàn.

02 外边正下着雨。 밖에 비가 내리고 있어요. 27
Wàibian zhèng xiàzhe yǔ.

03 走着去有点儿远。 걸어가면 좀 멀어요. 39
Zǒuzhe qù yǒudiǎnr yuǎn.

04 他比我小两岁。 그는 나보다 두 살 어려. 51
Tā bǐ wǒ xiǎo liǎng suì.

05 像白雪公主一样漂亮。 백설 공주처럼 예뻐. 63
Xiàng Báixuě gōngzhǔ yíyàng piàoliang.

06 复习 fùxí 복습 75

07 我想把这个给你。 이걸 너에게 주고 싶어. 83
Wǒ xiǎng bǎ zhège gěi nǐ.

08 我们是坐火车来的。 우리는 기차를 타고 왔어요. 95
Wǒmen shì zuò huǒchē lái de.

09 我的戒指被偷了。 내 반지를 도둑맞았어. 107
Wǒ de jièzhi bèi tōu le.

10 我的涨了百分之三十。 내 것은 30% 올랐어요. 119
Wǒ de zhǎngle bǎi fēnzhī sānshí.

11 为了美好的新年，干杯！ 멋진 새해를 위해 건배! 131
Wèile měihǎo de xīnnián, gānbēi!

12 复习 fùxí 복습 143

부록 / 151

✦ 본문 해석
✦ 정답 및 녹음 대본
✦ 단어 색인

권의 학습 내용

	핵심 표현	어법 포인트
01과	성모와 운모	성모 운모 성모와 운모의 결합 운모의 특수한 변화
02과	성조	성조 경성 성조의 표기 제3성의 변화 성조의 연결 연습
03과	您好! 안녕하세요! 你好! 您贵姓? 我叫金松怡。	인칭대명사 중국어의 존대어 성씨 묻기 이름 묻기
04과	我是韩国人。 저는 한국인이에요. 你是哪国人? 你也是中国人吗? 她是谁? 你爸爸做什么工作?	'是'를 쓰는 술어문 '吗'를 사용한 의문문 '不'의 성조 변화 의문대명사 의문대명사를 사용한 의문문
05과	这是手机。 이것은 휴대전화야. 这是什么? 那是我的汉语书。 我的书包在哪儿? 我的钱包呢?	지시대명사 '这', '那' 조사 '的' (1) 동사술어문 '呢'를 사용한 생략의문문 명사/대명사+'这儿'/'那儿'
06과	복습	
07과	我有自行车。 나는 자전거가 있어. 你有自行车吗? 我没有男朋友。 我有两本汉语词典。 我有一张中国地图。	'有'를 쓰는 술어문 (1) 1~10까지 숫자 세기 '一'의 성조 변화 명량사(名量词)의 용법 자주 쓰는 명량사 (1)
08과	我家有四口人。 우리 집은 네 식구야. 我有一个弟弟。 你家有几口人? 我家有爸爸、妈妈、弟弟 和我。	'有'를 쓰는 술어문 (2) 10 이상의 숫자 세기 자주 쓰는 명량사 (2) '二', '两', '俩' 차이 알기 정반의문문 접속사 '和'
09과	我姐姐很漂亮。 우리 누나는 예뻐. 这件衣服怎么样? 那件非常好看。 我爸爸的公司不太大。 他们都是韩国人吗?	형용사술어문 '怎么样'을 사용한 의문문 정도부사 부사 '都', '也'
10과	爸爸去出差。 아빠는 출장을 가셔. 我想去旅游, 你呢? 我爸爸常常去出差。 我去超市买点儿吃的。	연동문 개사 '在' 조동사 '想' 조사 '的' (2) 부정(不定)양사 儿화 현상
11과	今天星期六。 오늘은 토요일이에요. 我北京人。 今天几月几号? 星期几? 我明天没有时间, 我很忙。	명사술어문 연도 읽기 월, 일, 요일 표현 과거-현재-미래 표현
12과	복습	

권의 학습 내용

핵심 표현	어법 포인트
01과 下午两点。 오후 2시입니다.	
现在几点? 差五分六点。 你爸爸晚上九点一刻才到。	시간 표현 하루의 시간대 부사 '就'와 '才' 시간명사의 위치
02과 这条裤子多少钱? 이 바지는 얼마예요?	
猪肉多少钱一斤? 一共三十六块钱。 我要换两千美元。 打八折。	인민폐 읽기 의문사 '多少' 도량형을 나타내는 양사 이합사(离合词)
03과 我今年二十周岁。 나는 올해 만 스무 살이에요.	
你多高? 我一百四十四斤。 你今年多大? 你妈妈今年多大年纪?	의문부사 '多'+형용사 띠 묻기 접두사 '小'와 '老'
04과 豆豆眼睛很大。 콩알이는 눈이 커요.	
他们身体都很好。 那件蓝衬衫颜色怎么样? 我很喜欢蓝色。 豆豆有一岁吗?	주술술어문 '有'로 수량 표현하기 '还'의 용법 '吧'의 여러 가지 용법
05과 我给你打电话。 내가 너에게 전화할게.	
我晚上给你打电话。 大概9点左右。 你坐9路或者11路吧。 明洞离这儿有三站路。	개사 '给', '跟', '对', '从', '离' 어림수의 여러 가지 표현 여러 가지 번호 읽기 접속사 '或者'
06과 복습	

핵심 표현	어법 포인트
07과 饭店在银行对面。 호텔은 은행 맞은편에 있어요.	
地铁站在邮局旁边。 你的公文包在床上。 学校前面有两家中餐厅。 你六点半到我们学校门口就行。	방위사 존재문 1음절 동사의 중첩 '行'의 용법
08과 我送你一束玫瑰花。 당신에게 장미 한 다발 선물할게요.	
我告诉你一件事儿。 我要送你妈妈一束玫瑰花。 可以借我一本吗? 我下星期还你, 行吗?	이중목적어를 갖는 동사 조동사 '想', '要', '可以'
09과 我会游泳。 나는 수영을 할 수 있어요.	
你会游泳吗? 我怕水。 这儿不能抽烟。 你喜欢夏天还是冬天?	조동사 '会', '能' 동사 '怕' 선택의문문 '对'의 용법
10과 我见了高中同学。 고등학교 동창을 만났어요.	
她去姥姥家了。 你吃早饭了没有? 我见了几个高中同学。 我们一边吃饭, 一边聊天。	어기조사 '了' 용법 (1) 동태조사 '了' 용법 '了'의 부정문과 의문문 '一边……一边……'
11과 快考试了。 시험이 코앞이에요.	
下雨了, 你带伞了吗? 你怎么了? 快考试了, 你还天天出去玩儿, 怎么行? 我会好好复习的。	어기조사 '了' 용법 (2) '快……了' 용법 명사의 중첩 1음절 형용사의 중첩 '会……的'
12과 복습	

 권의 학습 내용

핵심 표현	어법 포인트	발음 연습	문화 소개

01과 我们坐飞机去上海。 Wǒmen zuò fēijī qù Shànghǎi. 우리는 비행기를 타고 상하이에 가.

我们坐飞机去上海。 我没有时间去玩儿。 这个月底我得考HSK六级。 我从昨天开始咳嗽、发烧。 你是不是感冒了？ 我下了班就去。	수단과 방식을 나타내는 연동문 '没有'를 쓰는 연동문 조동사 '得' '从……开始' '是不是' 정반의문문 동사1+'了'……'就'+동사2	잰말놀이	중국의 교통 수단

02과 你唱歌唱得真棒！ Nǐ chànggē chàng de zhēn bàng! 너 노래 정말 잘 부른다!

期末考试考得怎么样？ 好看极了。 你再来一个吧。 我为你唱一首《甜蜜蜜》。 会是会，不过唱得不太好。	정도보어 동사 '来'의 여러 가지 용법 개사 '为' 'A是A, 不过……'	잰말놀이	미션! 중국인처럼 말하기

03과 我来晚了。 Wǒ láiwǎn le. 제가 늦었습니다.

昨天我在仁寺洞看见你了。 你怎么又迟到了？ 请问，您找谁？ 我打的不是01086761023吗？	결과보어 부사 '又'와 '再' '不是……吗?' 전화번호 읽기	잰말놀이	중국 요리 기행 ③

04과 我见过他几次。 Wǒ jiànguo tā jǐ cì. 나는 그를 몇 번 만난 적이 있어요.

你去过杭州西湖吗？ 我得去趟新罗医院。 我去过两次。 我也听说过。	동태조사 '过' 동량사 동량보어 동사 '听说'	중국 고전 읽기	중국의 5대 명산

05과 我在中国住了三年。 Wǒ zài Zhōngguó zhùle sān nián. 나는 중국에서 3년 동안 살았어.

我在中国住了三年。 听说，你是太极拳高手。 你来韩国多长时间了？ 我也刚到。	시량보어 비지속동사 '刚'과 '刚才'	중국 영화 속 명대사 읽기	중국의 명절 풍습

06과 복습

	핵심 표현	어법 포인트	발음 연습	문화 소개
07과 你快下来吧。 Nǐ kuài xiàlai ba. 얼른 내려와.				
	妈妈，我回来了。 你快进屋来吧。 你帮我安排好日程吧。 祝您出差顺利!	단순방향보어 방향보어와 목적어 '祝' 기원문	중국 명사의 명언 읽기	하고 싶은 말 말고, 잘하는 말을 하자
08과 我跟校长商量商量。 Wǒ gēn xiàozhǎng shāngliang shāngliang. 제가 교장 선생님과 상의해 볼게요.				
	关于他的事，我得跟校长商量商量。 校长也应该考虑这个。 咱们换一下。 除了青岛啤酒外，还有什么啤酒?	개사 '关于', '除了' 2음절 동사의 중첩 조동사 '应该' 동량보어 '一下(儿)' '咱们'과 '我们'	중국 고전 읽기	중국의 술자리 문화
09과 我走回来了。 Wǒ zǒu huílai le. 나는 걸어 돌아왔어요.				
	我从学校走回来了。 你快说出来吧。 我有话想跟你说。 好漂亮的蛋糕啊!	복합방향보어 '出来'의 파생 의미 '有'를 쓰는 연동문 '好'를 사용한 감탄문	중국 영화 속 명대사 읽기	장수면 한 그릇 추가요!
10과 现在能买得到。 Xiànzài néng mǎi de dào. 지금 살 수 있어요.				
	我们俩能吃得了吗? 累了，走不动了。 你的动作够快的。 当然要快，要不就买不到了。	가능보어 '够……的' 접속사 '要不'	중국 명사의 명언 읽기	Coca Cola와 可口可乐
11과 我在看篮球比赛。 Wǒ zài kàn lánqiú bǐsài. 나는 농구 경기를 보고 있어요.				
	你在看什么电视节目? 我正在吃晚饭。 我们在老地方等你们二位呢。	동작의 진행 부사 '正', '正在', '在' '二位'	당시 읽기: 〈送别 Sòngbié〉	누가 내 귀 좀 뚫어 줘요!

12과 복습

 권의 학습 내용

	핵심 표현	어법 포인트	발음 연습	문화 소개
01과	**我请你吃晚饭。** Wǒ qǐng nǐ chī wǎnfàn. 제가 저녁을 대접할게요.			
	今天热得真让人受不了。 那我们可就不客气了。 我爸爸不让我出国留学。 都什么年代了，还这么想啊!	겸어문 '可'의 다양한 의미 '都……了' 구문	잰말놀이	중국의 소수 민족
02과	**外边正下着雨。** Wàibian zhèng xiàzhe yǔ. 밖에 비가 내리고 있어요.			
	松怡房间的灯还亮着，她还没睡呢? 她最近在没日没夜地写论文。 你先走吧，我再找一会儿。 谁要你带我了!	동태조사 '着' 용법 (1) '还'와 '再' 구조조사 '地' 용법 '要'의 사역 동사 용법	잰말놀이	소수 민족의 전통 축제
03과	**走着去有点儿远。** Zǒuzhe qù yǒudiǎnr yuǎn. 걸어가면 좀 멀어요.			
	我们可以走着去吗? 打的去的话，需要多长时间? 我一点儿都不累。 你怎么突然变美女了? 你今天漂漂亮亮的，我有点儿晕!	동태조사 '着' 용법 (2) '有点儿'과 '一点儿' '……的话' 구문 '突然'의 여러 가지 용법 2음절 형용사의 중첩	잰말놀이	중국 요리 기행 ④
04과	**他比我小两岁。** Tā bǐ wǒ xiǎo liǎng suì. 그는 나보다 두 살 어려.			
	你比以前瘦了很多。 我最近在减肥，比上个月减轻了六斤。 你的运动鞋跟我一样。 他没有我大，他比我小两岁。	'A+比+B' 비교문 'A+跟+B+一样/不一样' 비교문 'A+有/没有+B' 비교문	한국 드라마 속 명대사 읽기	중국의 전통 의상
05과	**像白雪公主一样漂亮。** Xiàng Báixuě gōngzhǔ yíyàng piàoliang. 백설 공주처럼 예뻐.			
	可平时巴西队踢得不如德国队好。 巴西队踢得不比德国队差。 只要你按时吃药，就会。 冬天了，天气越来越冷了。 你站在雪地里像白雪公主一样漂亮。	'A+不如+B' 비교문 'A+不比+B' 비교문 '只要……, 就……' 구문 '越来越……' 구문 'A+像/不像+B' 비교문	명시 읽기	중국에 가면 무조건 중국어가 된다?
06과	**복습**			

핵심 표현	어법 포인트	발음 연습	문화 소개

07과 我想把这个给你。 Wǒ xiǎng bǎ zhège gěi nǐ. 이걸 너에게 주고 싶어.

你把墙上的油画摘下来，换上世界地图吧。 这样就差不多了。 你把这些资料翻译成中文，好吗?	'把'자문 '差不多'	중국 드라마 속 명대사 읽기	중국 요리 기행 ⑤

08과 我们是坐火车来的。 Wǒmen shì zuò huǒchē lái de. 우리는 기차를 타고 왔어요.

我们是上高中的时候认识的。 你是在哪儿找到的? 爷爷、奶奶你们是怎么来的? 现在坐高铁又快又方便。	'是……的' 강조 구문 '时间'과 '时候' '又……又……' 구문	중국 문학 작품 읽기	베이징에서 잠깐 쉬어 가기

09과 我的戒指被偷了。 Wǒ de jièzhi bèi tōu le. 내 반지를 도둑맞았어.

我的戒指被偷了。 矿泉水送来了吗? 我被那家公司录取了。 然后就是正式员工了?	'被'자문 의미상의 피동문 접속사 '然后'	한국 드라마 속 명대사 읽기	중국인과의 수다

10과 我的涨了百分之三十。 Wǒ de zhǎngle bǎi fēnzhī sānshí. 내 것은 30% 올랐어요.

这里的菜道道都是正宗粤菜。 好吃你就多吃点儿。 最近走牛市，我的也涨了百分之三十。 这次得了八十分。	양사의 중첩 '多+동사' 구문 동사 '得' 다양한 숫자 형식	중국 문학 작품 읽기	상하이에서 잠깐 쉬어 가기

11과 为了美好的新年，干杯! Wèile měihǎo de xīnnián, gānbēi! 멋진 새해를 위해 건배!

毕业并不是结束，毕业是新的开始。 我们继续向前奋斗吧! 可是一想到高考就头疼。 万一我没考上大学怎么办? 大家好不容易聚在一起。 我们就多做事，少抱怨吧。	부사 '并' 개사 '向', '为了' '一……就……' 구문 접속사 '万一' '好不容易' '少+동사' 구문	당시 읽기: 〈望岳 Wàng Yuè〉	중국의 전통 민간 예술

12과 복습

일러두기

이 책의 표기 규칙

1 이 책에 나오는 중국의 지명이나 건물, 기관, 관광명소의 명칭 등은 중국어 발음을 한국어로 표기하는 것을 원칙으로 하였습니다. 단, 우리에게 한자발음으로 잘 알려진 것에 한하여 한자발음으로 표기합니다.

예) 北京 베이징   长城 만리장성

2 인명은 각 나라에서 실제 사용하는 발음으로 표기하였습니다.

예) 张金喜 장금희   青青 칭칭

품사약어표

품사명	약어	품사명	약어	품사명	약어
명사	명	고유명사	고유	형용사	형
동사	동	조사	조	감탄사	감
수사	수	대명사	대	접속사	접
부사	부	수량사	수량	조동사	조동
양사	양	개사	개	성어	성

이 책의 등장인물

金泰山 김태산
Jīn Tàishān
아빠 (무역회사 운영)

张金喜 장금희
Zhāng Jīnxǐ
엄마 (선생님)

金松怡 김송이
Jīn Sōngyí
김태산과 장금희의 딸 (대학생)

金乐天 김낙천
Jīn Lètiān
김태산과 장금희의 아들 (고등학생)

许民俊 허민준
Xǔ Mínjùn
송이의 대학 친구

黄珍珠 황전주
Huáng Zhēnzhū
송이의 중국인 친구

李青青 리칭칭
Lǐ Qīngqing
낙천이의 중국인 친구

01

我请你吃晚饭。
Wǒ qǐng nǐ chī wǎnfàn.

제가 저녁을 대접할게요.

학습 포인트
- 겸어문의 용법 익히기
- '可'의 다양한 의미 이해하기
- '都……了' 구문 활용하기

나의 회화 수첩

상황 ① 한여름 더위엔 수박이 최고! 🎧 01-01

乐 天 今天热得真让人受不了。
　　　Jīntiān rè de zhēn ràng rén shòu bu liǎo.

张金喜 来，喝点儿水。
　　　Lái, hē diǎnr shuǐ.

乐 天 妈妈，家里有没有西瓜？
　　　Māma, jiā li yǒu méiyǒu xīguā?

张金喜 有。一会儿吃西瓜，凉快凉快。
　　　Yǒu. Yíhuìr chī xīguā, liángkuai liángkuai.

让 ràng 동 ~로 하여금 ~하게 하다 | 受 shòu 동 참다, 견디다 | 西瓜 xīguā 명 수박 | 凉快 liángkuai 동 더위를 식히다

상황 ② 효심 깊은 착한 딸 🎧 01-02

松 怡 爸爸、妈妈，今天我请你们吃晚饭。
　　　Bàba、māma, jīntiān wǒ qǐng nǐmen chī wǎnfàn.

金泰山 你发财了？
　　　Nǐ fācái le?

松 怡 我拿到了打工的薪水。
　　　Wǒ nádàole dǎgōng de xīnshui.

金泰山 是吗？那我们可就不客气了。
　　　Shì ma? Nà wǒmen kě jiù bú kèqi le.

请 qǐng 동 ~로 하여금 ~하게 하다 | 发财 fācái 동 큰 돈을 벌다 | 打工 dǎgōng 동 아르바이트를 하다 | 薪水 xīnshui 명 급여, 임금

상황 ❸ 졸업 후 나의 진로는? 🎧 01-03

民俊 **松怡，你怎么不出国留学？**
Sōngyí, nǐ zěnme bù chūguó liúxué?

松怡 **我爸爸不让我出国留学。**
Wǒ bàba bú ràng wǒ chūguó liúxué.

民俊 **这为什么呢？**
Zhè wèishénme ne?

松怡 **我爸爸认为女孩子一个人出国不安全。**
Wǒ bàba rènwéi nǚ háizi yí ge rén chūguó bù ānquán.

民俊 **哎呀！都什么年代了，还这么想啊！**
Āiyā! Dōu shénme niándài le, hái zhème xiǎng a!

松怡 **那也没办法。**
Nà yě méi bànfǎ.

民俊 **那你毕业后有什么打算？**
Nà nǐ bìyè hòu yǒu shénme dǎsuan?

松怡 **我想先找工作，你呢？**
Wǒ xiǎng xiān zhǎo gōngzuò, nǐ ne?

民俊 **我想去意大利学做菜。**
Wǒ xiǎng qù Yìdàlì xué zuò cài.

松怡 **真羡慕你啊！**
Zhēn xiànmù nǐ a!

出国 chūguó 통 출국하다 ↔ **入境** rùjìng 입국하다 | **留学** liúxué 통 유학하다 | **认为** rènwéi 통 여기다, 생각하다
孩子 háizi 명 자녀, 아이 | **安全** ānquán 형 안전하다 | **年代** niándài 명 시대 | **办法** bànfǎ 명 방법 | **毕业** bìyè 통
졸업하다 | **意大利** Yìdàlì 고유 이탈리아 | **做菜** zuò cài 요리를 하다 | **羡慕** xiànmù 통 부러워하다

01 我请你吃晚饭。 17

어법 노하우 대 공개

겸어문(兼语句)

겸어문이란 한 문장에 두 개의 동사가 등장하고, 첫 번째 동사의 목적어가 두 번째 동사의 주어를 겸하는 문장을 가리킨다.

주어 + **동사1** + **겸어** + **동사2**
我 请 你 吃饭。 내가 너에게 밥을 살게.
Wǒ qǐng nǐ chīfàn.

위 문장에서 '你'는 '请(동사1)'의 목적어이면서 '吃饭(동사2)'의 주어 역할을 한다. 이렇게 주어와 목적어의 기능을 겸하는 성분을 '겸어(兼语)'라고 한다.

① 자주 쓰는 겸어문의 형식

겸어문의 첫 번째 동사로는 '~로 하여금 ~하게 하다'라는 뜻의 사역 동사 '请 qǐng', '让 ràng', '叫 jiào', '使 shǐ'가 쓰이거나, 사역의 의미가 없는 '有 yǒu', '没有 méiyǒu'가 쓰일 수 있다.

请+겸어+동사2	~를 초대해 ~하게 하다	今天我请你们看电影。 오늘 내가 너희에게 영화 보여 줄게. Jīntiān wǒ qǐng nǐmen kàn diànyǐng.
让+겸어+동사2	~로 하여금 ~하게 하다	妈妈让我出去玩儿。 엄마가 나더러 나가서 놀라고 하셨어요. Māma ràng wǒ chūqu wánr.
叫+겸어+동사2	~로 하여금 ~하게 하다	老师叫我们说汉语。 선생님은 우리에게 중국어를 하라고 하셨어요. Lǎoshī jiào wǒmen shuō Hànyǔ.
使+겸어+동사2	~로 하여금 ~하게 하다	谦虚使人进步。 겸손은 사람을 발전시킨다. Qiānxū shǐ rén jìnbù.
有+겸어+동사2	~하는 ~가 있다	有人找你。 누가 너를 찾아. Yǒu rén zhǎo nǐ.
没有+겸어+동사2	~하는 ~가 없다	没有人喜欢我。 나를 좋아하는 사람이 없어. Méiyǒu rén xǐhuan wǒ.

② 부정형

겸어문의 부정형을 만들 때는 '不'나 '没(有)'를 사용하며, 첫 번째 동사 앞에 놓는다.

他不请我吃饭。
Tā bù qǐng wǒ chīfàn.
그는 나한테 밥을 사지 않았어요.

老师没叫我们写汉字。
Lǎoshī méi jiào wǒmen xiě Hànzì.
선생님은 우리한테 한자를 쓰라고 하지 않으셨어.

'不让'을 쓰면 '~을 허락하지 않다'라는 뜻이다.

爸爸不让我一个人去旅游。
Bàba bú ràng wǒ yí ge rén qù lǚyóu.
아빠는 나 혼자서는 여행을 못 가게 하셔.

老师不让我们带手机上课。
Lǎoshī bú ràng wǒmen dài shǒujī shàngkè.
선생님은 수업 시간에 우리가 휴대전화를 못 갖고 있게 하셔.

③ **용법의 특징**

부사와 조동사는 첫 번째 동사 앞에 놓는다.

他常常请我喝茶。
Tā chángcháng qǐng wǒ hē chá.
그는 자주 나에게 차를 사 줘요.

我想让她去买东西。
Wǒ xiǎng ràng tā qù mǎi dōngxi.
나는 그녀를 보내 물건을 사게 하려 해요.

첫 번째 동사의 뒤에는 동태조사를 쓸 수 없다.

老板让了小金去接客户。(X) → 老板让小金去接客户了。
Lǎobǎn ràng Xiǎo Jīn qù jiē kèhù le.
사장님은 김 군에게 바이어를 마중하러 가도록 하셨다.

첫 번째 동사가 '请'일 때 주어와 겸어는 생략할 수 있다.

(我)请(你)喝茶。 차 좀 드세요.
(Wǒ) qǐng (nǐ) hē chá.

겸어문에 연동문 형식이 결합하여 쓰이기도 한다.

妈妈叫你去买一瓶醋。 엄마가 너보고 가서 식초 한 병 사 오래.
Māma jiào nǐ qù mǎi yì píng cù.

'可'의 용법

'可'는 부사로 쓰여 '정말로'라는 강조의 뜻을 나타낸다.

爸爸做的菜可好吃了。
Bàba zuò de cài kě hǎochī le.
아빠가 만드신 요리는 정말 맛있어요.

你可不能后悔!
Nǐ kě bù néng hòuhuǐ!
너 정말 후회하면 안 된다!

'可'는 접속사로 쓰여 '그러나'라는 역접의 뜻을 나타낸다. '可是', '但是', '但'과 바꿔 쓸 수 있다.

他个子高，可胆子很小。
Tā gèzi gāo, kě dǎnzi hěn xiǎo.
그는 키는 큰데 배짱이 없어.

今天风很大，可不太冷。
Jīntiān fēng hěn dà, kě bú tài lěng.
오늘은 바람은 세게 불지만 그다지 춥진 않네.

都……了

'都'에는 '이미', '벌써'의 뜻이 있는데, '都……了' 형식으로 써서 '이미 ~가 되다'라는 뜻을 나타낸다.

天都黑了，你快回家吧。
Tiān dōu hēi le, nǐ kuài huí jiā ba.
날이 이미 저물었으니 어서 집으로 돌아가렴.

都春天了，怎么还这么冷!
Dōu chūntiān le, zěnme hái zhème lěng!
봄은 벌써 왔건만 왜 아직도 이리 추운지!

새 단어

谦虚 qiānxū 형 겸손하다 | 进步 jìnbù 동 진보하다 | 老板 lǎobǎn 명 사장 | 醋 cù 명 식초 | 后悔 hòuhuǐ 동 후회하다
胆子 dǎnzi 명 담, 배짱

숨겨 둔 문장 실력

▶ 바꿔서 말해 보고, 이를 활용해 대화를 나눠 보세요. 🎧 01-04

하나 热得真让人受不了。
　　　冷
　　　饿
　　　疼

실력 up!
A 你怎么了?
B 热得真让人受不了。

冷 lěng 춥다 | 饿 è 배고프다 | 疼 téng 아프다

둘 今天我请你们吃晚饭。
　　　吃火锅
　　　看京剧
　　　喝酒

실력 up!
A 今天我请你们吃晚饭。
B 太好了!

吃火锅 chī huǒguō 훠궈를 먹다 | 看京剧 kàn jīngjù 경극을 보다 | 喝酒 hē jiǔ 술을 마시다

셋 我爸爸不让我出国留学。
　　　玩儿游戏
　　　看电视
　　　去旅游

실력 up!
A 你怎么不出国留学?
B 我爸爸不让我出国留学。

玩儿游戏 wánr yóuxì 게임을 하다 | 去旅游 qù lǚyóu 여행을 가다

단어 플러스

다양한 과일

苹果 píngguǒ 사과 | 西瓜 xīguā 수박 | 甜瓜 tiánguā 참외 | 香蕉 xiāngjiāo 바나나 | 葡萄 pútao 포도 | 草莓 cǎoméi 딸기 | 梨 lí 배 | 柿子 shìzi 감 | 橘子 júzi 귤 | 李子 lǐzi 자두 | 桃 táo 복숭아 | 樱桃 yīngtáo 앵두 | 菠萝 bōluó 파인애플 | 猕猴桃 míhóutáo 키위 | 芒果 mángguǒ 망고 | 橙子 chéngzi 오렌지 | 荔枝 lìzhī 여지 | 哈密瓜 hāmìguā 중국 시짱(西藏) 일대에서 나는 멜론

나만의 복습 다이어리

우와~ 벌써 4권이라니! 3권까지 공부하면서 힘든 점도 많고 포기하고픈 마음도 없진 않았지.
하지만 칼을 뽑았으니 무라도 잘라 보자는 결심으로 돌진하다 보니 어느덧 4권까지 왔네!

4권의 첫 과에서 나를 맞이한 어법은 바로~ 겸어문(兼语句)!
근데 겸어(兼语)가 뭐더라? 맞아~ 겸어는 목적어와 주어의 역할을 동시에 하는 성분을 말해. 겸어문에는
동사가 두 개 등장하는데, 첫 번째 동사로는 다른 사람에게 뭔가를 시킨다는 뜻의 사역 동사가 주로 쓰인대.
사역 동사의 뜻은 '~로 하여금 ~하게 하다'라고 이해하면 되겠어.
'내가 너희에게 저녁 살게.'라는 문장은 '我请你们吃晚饭。Wǒ qǐng nǐmen chī wǎnfàn.'이라 할 수
있는데, 여기서 겸어인 '너희들(你们)'은 나의 '초대(请)'를 받는 목적어이자 '저녁을 먹다(吃晚饭)'의
주어가 되는 거지.

겸어문에 자주 쓰이는 사역 동사로 '请 qǐng', '叫 jiào', '让 ràng', '使 shǐ'가 있고, '有 yǒu'와 '没有 méiyǒu'
도 겸어문의 첫 번째 동사로 쓰일 수 있어. 여기서 잠깐! 겸어문의 부정형 중에서 '不让'은 다른 사역
동사의 부정형과는 달리 '허락하지 않다'의 뜻이라고 했는데, 예문으로 확인해 볼까?

엄마가 나가 놀지 못하게 하셨어요. 妈妈不让我出去玩儿。Māma bú ràng wǒ chūqu wánr.

마지막으로 '可'는 부사로 쓰이면 '정말로'라는 뜻이고, 접속사로 쓰이면 '그러나'라는 뜻이야.
좀 헷갈리니까 예문으로 확인해 보자고.

아빠가 만드신 요리는 정말 맛있어. 爸爸做的菜可好吃了。Bàba zuò de cài kě hǎochī le.
그 애는 키는 큰데 배짱이 없어. 她个子高，可胆子很小。Tā gèzi gāo, kě dǎnzi hěn xiǎo.

첫 과부터 좀 빡빡하긴 하지만, 3권까지 잘 해왔으니 4권의 어려움도 잘 이겨내리라! 아자! 아자!

즉문즉답

Q 선생님, 연동문과 겸어문은 어떤 차이가 있나요?

A 연동문과 겸어문을 비교해 보면서 알아 봅시다.

연동문은 주어가 두 가지 동작을 순차적으로 하는 문형이고, 겸어문은 주어가 목적어에게 어떤 일을 하도록
시키는 문형이지요. 겸어문에는 두 개의 주어와 두 개의 동사가 등장하는데, 첫 번째 동사의 목적어가
두 번째 동사의 주어 역할을 한다는 특징이 있지요. 또 겸어문의 첫 번째 동사로 주로 사역 동사가 쓰인다는
것도 중요한 차이점입니다. 그럼 예문으로 확인해 볼까요?

我去公园见朋友。Wǒ qù gōngyuán jiàn péngyou. 나는 공원으로 친구를 만나러 가. `연동문`
我叫他去公园。Wǒ jiào tā qù gōngyuán. 나는 그에게 공원에 가라고 했어. `겸어문`

차근차근 실력 확인

1 잘 듣고 녹음 내용과 일치하는 그림을 골라 보세요. 🎧 01-05

❶ (　　　)　❷ (　　　)　❸ (　　　)　❹ (　　　)

a

b

c

d

2 아래의 보기에서 알맞은 단어를 골라 문장을 완성해 보세요.

| 보기 |　　打算　　受不了　　羡慕　　认为　　请

❶ 今天热得真让人_____。

❷ 我_____你们吃晚饭。

❸ 爸爸_____女孩子一个人出国不安全。

❹ 那你毕业后有什么_____?

❺ 真_____你啊!

3 대화가 완성될 수 있도록 문장을 알맞게 연결해 보세요.

① 家里有没有西瓜？ 　　　　　　　　　A 我想去意大利学做菜。
　 Jiā li yǒu méiyǒu xīguā?　　　　　　　　Wǒ xiǎng qù Yìdàlì xué zuò cài.

② 你发财了？　　　　　　　　　　　　　B 当然有。
　 Nǐ fācái le?　　　　　　　　　　　　　　Dāngrán yǒu.

③ 我想先找工作，你呢？　　　　　　　　C 我拿到了打工的薪水。
　 Wǒ xiǎng xiān zhǎo gōngzuò, nǐ ne?　　　Wǒ nádàole dǎgōng de xīnshui.

④ 来，喝点儿水。　　　　　　　　　　　D 好的，谢谢。
　 Lái, hē diǎnr shuǐ.　　　　　　　　　　　Hǎo de, xièxie.

4 주어진 단어를 어순에 맞게 배열하고, 문장 전체를 해석해 보세요.

① 菜　可　做的　爸爸　好吃　了

　문장 : _____。

　뜻 : _____.

② 汉语　我们　说　叫　老师

　문장 : _____。

　뜻 : _____.

③ 我爸爸　出国　让　我　不　留学

　문장 : _____。

　뜻 : _____.

④ 年代　都　这么　了　什么　想　还　啊

　문장 : _____！

　뜻 : _____！

발음·성조 클리닉

📋 잰말놀이를 통해 발음과 성조를 연습해 보세요. 🎧 01-06

1 잰말놀이 연습

Sì shì sì, shí shì shí; shísì shì shísì, sìshí shì sìshí;
bié bǎ sìshí shuō xǐxí, bié bǎ shísì shuō xíxǐ.
Yào xiǎng shuōhǎo sì hé shí, quán kào shétou hé yáchǐ.
Yào xiǎng shuōduì sì, shétou pèng yáchǐ;
yào xiǎng shuōduì shí, shétou bié shēnzhí.
Rènzhēn xué, cháng liànxí, shísì、sìshí、sìshísì.

四是四，十是十；十四是十四，四十是四十；
别把四十说喜席，别把十四说席喜。
要想说好四和十，全靠舌头和牙齿。
要想说对四，舌头碰牙齿；
要想说对十，舌头别伸直。
认真学，常练习，十四、四十、四十四。

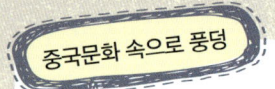

중국의 소수 민족

중국은 56개의 민족으로 이루어진 다민족 국가로, 전체 인구의 91.5%를 차지하는 한족(汉族 Hànzú)과 55개의 소수 민족으로 구성되어 있다. 소수 민족의 인구수는 전체의 10%에도 미치지 못하지만 거주 지역의 분포 면적은 중국 전체 영토의 60%에 달한다.

중국은 행정상으로 광시 장족 자치구(广西壮族自治区), 신장 위구르 자치구(新疆维吾尔自治区), 시짱 자치구(西藏自治区), 닝샤 회족 자치구(宁夏回族自治区), 네이멍구 자치구(内蒙古自治区) 등 5개의 소수 민족 자치구를 편성하고 있는데, 소수 민족은 각각의 자치구에만 집단적으로 거주하는 것이 아니라 전국 각지에 넓게 분포하여 한족과 함께 거주하고 있다. 소수 민족이 주로 분포해 있는 지역은 천연자원의 매장량이 풍부하고, 러시아, 파키스탄, 인도, 베트남, 북한 등 많은 주변국들과 접경하고 있어 경제적, 전략적으로 중요한 역할을 하고 있다.

우리에게도 잘 알려진 소수 민족으로는 제6차 중국 인구 조사 기준 인구수가 가장 많은 장족(壮族 Zhuàngzú), 청(清)나라를 세운 민족인 만족(满族 Mǎnzú, 만주족), 이슬람교를 신봉하는 회족(回族 Huízú), 네이멍구의 유목민인 몽고족(蒙古族 Měnggǔzú), 티베트 고원 지대에 거주하는 티베트족(藏族 Zàngzú) 등이 있다.

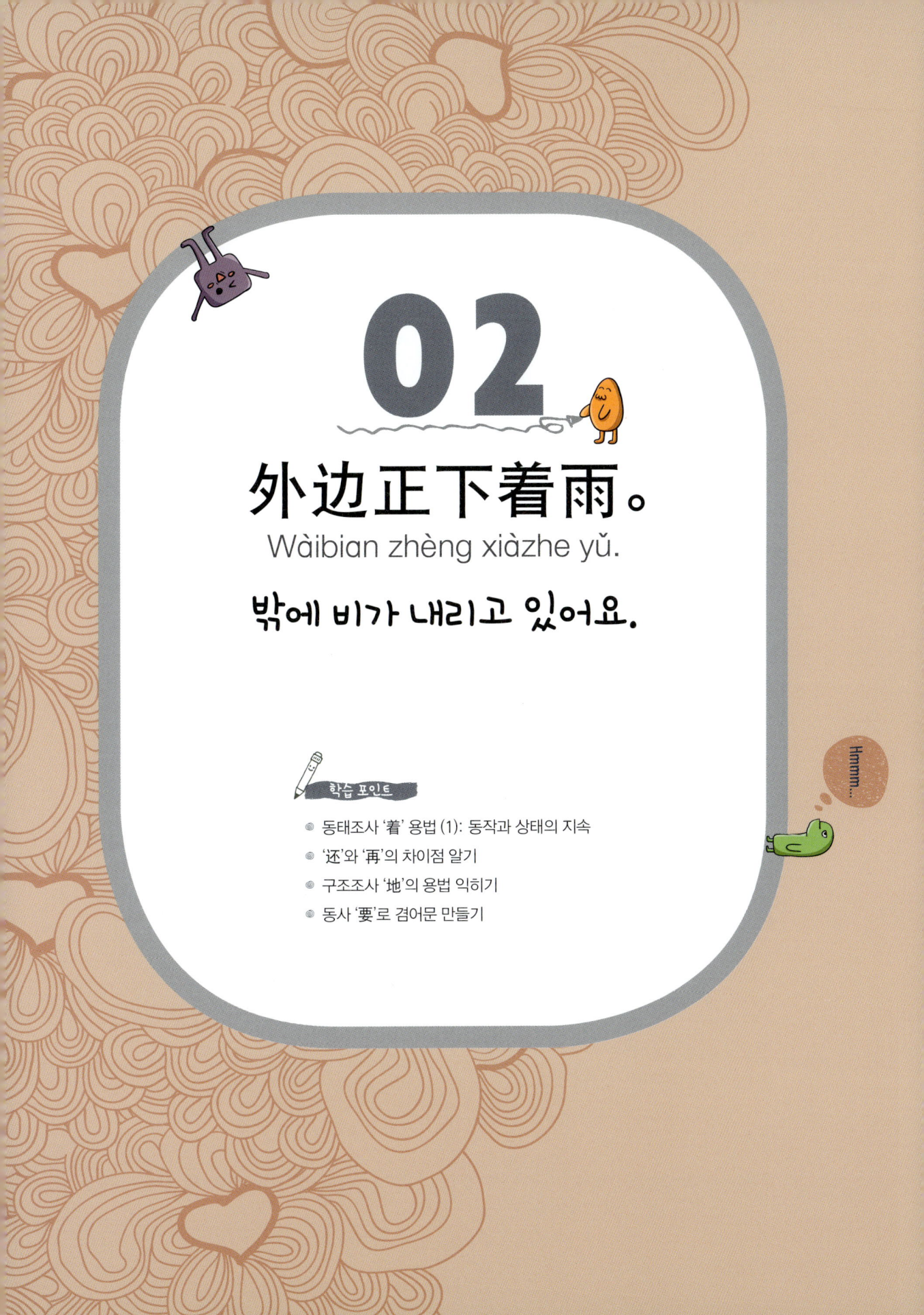

나의 회화 수첩

상황 ❶ 밤을 잊은 열공 모드! 🎧 02-01

金泰山 **松怡房间的灯还亮着，她还没睡呢？**
Sōngyí fángjiān de dēng hái liàngzhe, tā hái méi shuì ne?

张金喜 **她最近在没日没夜地写论文。**
Tā zuìjìn zài méirìméiyè de xiě lùnwén.

金泰山 **那也不行，叫她早点儿睡吧。**
Nà yě bùxíng, jiào tā zǎo diǎnr shuì ba.

张金喜 **好的，我过去看看。**
Hǎo de, wǒ guòqu kànkan.

房间 fángjiān 명 방 | 灯 dēng 명 등 | 亮 liàng 형 밝다, 빛나다 | 着 zhe 조 [동작이나 상태의 지속을 나타냄] | 睡 shuì 동 자다 | 没日没夜 méirìméiyè 성 밤낮을 가리지 않다 | 地 de 조 [부사어를 만들어 주는 구조조사] | 论文 lùnwén 명 논문 | 叫 jiào 동 ~로 하여금 ~하게 하다 | 早 zǎo 형 이르다, 빠르다

상황 ❷ 비 오는 날엔 향긋한 커피를~ 🎧 02-02

民俊 **你喝点儿什么？**
Nǐ hē diǎnr shénme?

松怡 **我还是喝咖啡吧。**
Wǒ háishi hē kāfēi ba.

民俊 **外边正下着雨，这样的天气适合喝咖啡。**
Wàibian zhèng xiàzhe yǔ, zhèyàng de tiānqì shìhé hē kāfēi.

松怡 **你闻闻，可香了。**
Nǐ wénwen, kě xiāng le.

还是 háishi 부 ~하는 편이 (더) 좋다 | 咖啡 kāfēi 명 커피 | 天气 tiānqì 명 날씨 | 适合 shìhé 동 적합하다, 알맞다 | 闻 wén 동 냄새를 맡다 | 香 xiāng 형 향기롭다

상황 ❸ 내 자전거의 행방은? 🔊 02-03

乐 天 **难道我的自行车长翅膀了？**
　　　　Nándào wǒ de zìxíngchē zhǎng chìbǎng le?

青 青 **它不喜欢你了吧？**
　　　　Tā bù xǐhuan nǐ le ba?

乐 天 **咳！气死我了。**
　　　　Hāi! Qì sǐ wǒ le.

青 青 **乐天，我们走吧。**
　　　　Lètiān, wǒmen zǒu ba.

乐 天 **你先走吧，我再找一会儿。**
　　　　Nǐ xiān zǒu ba, wǒ zài zhǎo yíhuìr.

青 青 **算了吧。你没车，我可以带着你。**
　　　　Suàn le ba. Nǐ méi chē, wǒ kěyǐ dàizhe nǐ.

乐 天 **谁要你带我了！**
　　　　Shéi yào nǐ dài wǒ le!

青 青 **那你带着我？**
　　　　Nà nǐ dàizhe wǒ?

乐 天 **行了，我要走回家！**
　　　　Xíng le, wǒ yào zǒuhui jiā!

难道 nándào 부 설마 ~이겠는가 [반어의 어감을 강조함] | **长** zhǎng 동 자라다, 생기다 | **翅膀** chìbǎng 명 날개 | **咳** hāi 감 어이쿠 [슬픔, 놀라움, 후회 등의 감정을 나타냄] | **气** qì 동 화내다 | **死** sǐ 형 극도로 ~하다 | **算** suàn 동 그만두다, ~인 셈이다 ▶ **算了** suàn le 됐다, 그만두다 | **要** yào 동 ~로 하여금 ~하게 하다 조동 ~하려고 하다, ~해야만 한다

어법 노하우 대 공개

동태조사 '着' (1)

① 주요 용법

동태조사 '着'는 동사나 형용사 뒤에 위치하여 동작이나 상태가 지속되고 있음을 나타낸다.

[동작의 지속]

他拿着很多书。
Tā názhe hěn duō shū.
그는 책을 많이 들고 있어요.

弟弟坐着, 姐姐站着。
Dìdi zuòzhe, jiějie zhànzhe.
동생은 앉아 있고, 누나는 서 있어요.

[상태의 지속]

办公室的灯还亮着。
Bàngōngshì de dēng hái liàngzhe.
사무실의 불이 아직 켜져 있어요.

爸爸穿着白衬衫。
Bàba chuānzhe bái chènshān.
아빠는 흰 와이셔츠를 입고 계세요.

② 부정형과 의문형

'着'의 부정형을 만들 때는 '没(有)'를 사용하며 동사 앞에 놓는다.

墙上没有挂着镜子。
Qiáng shang méiyou guàzhe jìngzi.
벽에 거울이 걸려 있지 않아요.

门没锁着。
Mén méi suǒzhe.
문이 안 잠겨 있어요.

'着'의 의문형은 다음과 같은 형식으로 쓴다.

外边还下着雨吗?
Wàibian hái xiàzhe yǔ ma?
밖에 아직 비가 오나요?

他带着伞没有?
Tā dàizhe sǎn méiyou?
그는 우산을 가져 왔나요?

教室的灯是不是亮着?
Jiàoshì de dēng shì bu shì liàngzhe?
교실의 불이 켜져 있나요?

③ 용법의 특징

'着'는 동작의 진행을 나타내는 문장에 쓰일 수 있다. '正+동사+着'의 형식으로 쓰여 진행 중인 동작이나 상태가 계속되고 있음을 나타낸다.

外边正下着雪呢。
Wàibian zhèng xiàzhe xuě ne.
밖에 눈이 내리고 있네요.

我正在学校门口等着你呢。
Wǒ zhèng zài xuéxiào ménkǒu děngzhe nǐ ne.
나는 학교 앞에서 너를 기다리고 있어.

'장소+동사+着+사람/사물'의 형식으로 쓰이면 어떤 장소에 사물이나 사람이 존재하고 있음을 나타낸다.

桌子上放着一本书。
Zhuōzi shang fàngzhe yì běn shū.
책상 위에 책 한 권이 놓여 있다.

教室里坐着十几个学生。
Jiàoshì li zuòzhe shíjǐ ge xuésheng.
교실에 열 몇 명의 학생이 앉아 있다.

还 vs 再

'还'는 '아직도', '여전히'라는 뜻으로, 동작이나 상태가 지속됨을 나타낸다.

他还在教室学习。
Tā hái zài jiàoshì xuéxí.
그는 아직도 교실에서 공부하고 있어.

夜深了，你怎么还不睡？
Yè shēn le, nǐ zěnme hái bú shuì?
밤이 깊었는데 왜 아직도 안 자니?

'再'는 '다시', '또'라는 뜻으로, 동작이 중복되거나 미래에 계속 진행됨을 나타낸다.

我明天再来。
Wǒ míngtiān zài lái.
제가 내일 다시 올게요.

不行，我再找一会儿。
Bùxíng, wǒ zài zhǎo yíhuìr.
안 되겠다, 내가 좀 더 찾아봐야겠어.

구조조사 '地'

구조조사 '地'는 부사어를 만들 때 사용된다.

[(정도부사)+2음절 형용사+地]

她非常伤心地哭了。
Tā fēicháng shāngxīn de kū le.
그녀는 아주 서럽게 울었어요.

大家兴奋地大喊大叫。
Dàjiā xīngfèn de dà hǎn dà jiào.
모두들 흥분해서 고함을 질렀어요.

[형용사의 중첩형+地]

你得好好(地)休息。
Nǐ děi hǎohāo (de) xiūxi.
너는 푹 쉬어야 해.

孩子们高高兴兴地玩儿。
Háizimen gāogāoxìngxìng de wánr.
아이들이 즐겁게 놀아요.

알아두자! 1음절 형용사의 중첩형 뒤에서는 '地'를 생략할 수 있다.

[성어+地], [일부 2음절 부사+地]

성어나 일부 2음절 부사 '渐渐(jiànjiàn 점점)', '逐渐(zhújiàn 점점)', '非常(fēicháng 매우)', '特别(tèbié 특히)'의 뒤에 '地'가 올 수 있다.

我曾经死去活来地爱过。
Wǒ céngjīng sǐqùhuólái de àiguo.
나는 예전에 죽도록 사랑해 본 적이 있어.

天气渐渐地暖和了。
Tiānqì jiànjiàn de nuǎnhuo le.
날씨가 점점 따뜻해지고 있어.

동사 '要'를 쓰는 겸어문

동사 '要'는 겸어문의 첫 번째 동사로 쓰여 '~로 하여금 ~하게 하다'라는 사역 동사의 뜻을 나타낼 수 있다.

妈妈要你马上去一趟。
Māma yào nǐ mǎshàng qù yí tàng.
엄마가 너보고 얼른 한 번 갔다오래.

老师要我回宿舍休息。
Lǎoshī yào wǒ huí sùshè xiūxi.
선생님은 나더러 기숙사로 돌아가 쉬라고 하셨어요.

새 단어

站 zhàn 통 서다 | 墙 qiáng 명 벽 | 挂 guà 통 걸다 | 镜子 jìngzi 명 거울 | 锁 suǒ 통 잠그다 | 放 fàng 통 놓다 | 夜 yè 명 밤 | 深 shēn 형 깊다 | 伤心 shāngxīn 형 속상하다 | 哭 kū 통 울다 | 大家 dàjiā 대 모두, 여러분 | 兴奋 xīngfèn 형 흥분하다 | 大喊大叫 dà hǎn dà jiào 고함을 지르다 | 死去活来 sǐqùhuólái 성 죽었다 살아나다 | 暖和 nuǎnhuo 형 따뜻하다

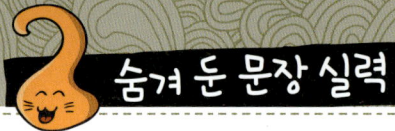
숨겨둔 문장 실력

▶ 바꿔서 말해 보고, 이를 활용해 대화를 나눠 보세요. 🎧 02-04

하나 她最近在没日没夜地写论文。

非常认真　　准备高考
高高兴兴　　环球旅行
仔细　　　　调查案件

> **실력 up!**
> A 她最近在忙什么?
> B 她最近在没日没夜地写论文。

非常认真 fēicháng rènzhēn 매우 열심히 | 准备高考 zhǔnbèi gāokǎo 대학 입학 시험을 준비하다
环球旅行 huánqiú lǚxíng 전 세계를 여행하다 | 仔细 zǐxì 꼼꼼히 | 调查案件 diàochá ànjiàn 사건을 조사하다

둘 外边正下着雨呢。

暴雨
大雪
初雪

> **실력 up!**
> A 外边天气怎么样?
> B 外边正下着雨呢。

暴雨 bàoyǔ 폭우 | 大雪 dàxuě 대설 | 初雪 chūxuě 첫눈

셋 谁要你带我了!

帮
看
夸

> **실력 up!**
> A 谁要你带我了!
> B 行了, 不要生气了。

帮 bāng 돕다 | 夸 kuā 칭찬하다

단어 플러스

다양한 커피의 종류

美式咖啡 měishì kāfēi 아메리카노 | 浓咖啡 nóng kāfēi 에스프레소 | 拿铁咖啡 nátiě kāfēi 카페라테 | 摩卡咖啡 mókǎ kāfēi 카페모카 | 卡布其诺 kǎbùqínuò 카푸치노 | 维也纳咖啡 wéiyěnà kāfēi 비엔나 커피 | 焦糖玛奇朵 jiāotáng mǎqíduǒ 캐러멜 마키아토 | 咖啡厅 kāfēitīng 카페, 커피숍 | 咖啡馆 kāfēiguǎn 카페, 커피숍

나만의 복습 다이어리

오늘은 동태조사 '着'를 배웠어. 예전에 배웠던 동태조사를 먼저 정리해 보면, 동작의 완료를 나타내는 '了', 과거의 경험을 나타내는 '过'가 있었고 오늘 배운 '着'까지 합해서 동태조사 3인방을 모두 배운 셈이야! 뿌듯 뿌듯~

'着'는 동사나 형용사 뒤에 놓여 동작이나 상태의 지속을 나타내. 예를 한번 들어 보자고.

그가 책을 많이 들고 있어요. 他拿着很多书。 Tā názhe hěn duō shū.

 밖에 비가 내리고 있어요. 外边下着雨。 Wàibian xiàzhe yǔ.

동태조사 3인방처럼 구조조사에도 3인방이 있는데, 바로 '的', '得', '地'이지. 오호~ 그러고 보니 구조조사 3인방도 다 배웠네!

구조조사는 어법 관계를 만들 때 사용되는 조사를 말하는데, 이번 과에서 배운 '地'는 부사어를 만들어 주는 역할을 해. 2음절 형용사, 형용사의 중첩형, 성어, 2음절 부사를 부사어로 만들 때 그 뒤에 '地'가 붙는데, 예를 들어 볼까?

그녀는 아주 서럽게 울었어요. 她非常伤心地哭了。 Tā fēicháng shāngxīn de kū le.

나는 밤낮없이 논문을 써요. 我没日没夜地写论文。 Wǒ méirìméiyè de xiě lùnwén.

동사 '要'를 써서 겸어문을 만들기도 하는데 이때 '要'는 '叫'나 '让'처럼 '~하게 하다'라는 뜻으로 쓰인다고 했어. 예를 들어 보면,

엄마가 너보고 얼른 한 번 갔다오래. 妈妈要你马上去一趟。 Māma yào nǐ mǎshàng qù yí tàng.

가을걷이가 끝난 논에 수북이 쌓여 있는 볏짚처럼 나의 어법 지식도 나날이 쌓여가는구나.
하나도 놓치지 않고 내 머릿속에 차곡차곡 담아 놓고 싶은 소망~

즉문즉답

Q 선생님, 부사 '在'와 조사 '着'는 모두 동작의 진행을 나타내는 것 아닌가요?

A 아닙니다. '在'와 '着'는 용법이 서로 다릅니다.

부사 '在'는 누가 무엇을 하고 있는 중임을 나타내고, 동태조사 '着'는 어떤 동작이 지속되거나 어떤 상태가 유지되고 있음을 나타내지요. 그렇지만 '着'도 진행을 나타내는 부사 '正'과 함께 쓰여 진행 중인 상태가 계속되고 있음을 나타낼 수 있는데, 이때 '着'은 보통 1음절 동사 뒤에 위치합니다. 예문을 함께 보도록 하죠.

我在喝咖啡。 Wǒ zài hē kāfēi. 나는 커피를 마시고 있어.

外边正下着雨。 Wàibian zhèng xiàzhe yǔ. 밖에 비가 내리고 있어.

차근차근 실력 확인

1 잘 듣고 녹음 내용과 일치하는 그림을 골라 보세요. 🎧 02-05

① (　　　)　② (　　　)　③ (　　　)　④ (　　　)

a

b

c

d

2 아래의 보기에서 알맞은 단어를 골라 문장을 완성해 보세요.

| 보기 |　　没日没夜　　要　　适合　　难道　　房间

① 松怡_____的灯还亮着。

② 她最近在_____地写论文。

③ 这样的天气_____喝咖啡。

④ _____我的自行车长翅膀了?

⑤ 谁_____你带我了!

3 대화가 완성될 수 있도록 문장을 알맞게 연결해 보세요.

① 你喝点儿什么?
Nǐ hē diǎnr shénme?

② 叫她早点儿睡吧。
Jiào tā zǎo diǎnr shuì ba.

③ 我们走吧。
Wǒmen zǒu ba.

④ 你没车，我可以带着你。
Nǐ méi chē, wǒ kěyǐ dàizhe nǐ.

A 行了，我要走回家!
Xíng le, wǒ yào zǒuhui jiā!

B 你先走吧，我再找一会儿。
Nǐ xiān zǒu ba, wǒ zài zhǎo yíhuìr.

C 好的，我过去看看。
Hǎo de, wǒ guòqu kànkan.

D 我还是喝咖啡吧。
Wǒ háishi hē kāfēi ba.

4 주어진 단어를 어순에 맞게 배열하고, 문장 전체를 해석해 보세요.

① 着 你 门口 等 我 正在 学校 呢

문장 : _____。

뜻 : _____.

② 教室 在 他 学习 还

문장 : _____。

뜻 : _____.

③ 要 老师 宿舍 我 回 休息

문장 : _____。

뜻 : _____.

④ 玩儿 地 孩子们 高高兴兴

문장 : _____。

뜻 : _____.

발음·성조 클리닉

📄 잰말놀이를 통해 발음과 성조를 연습해 보세요. 🎧 02-06

1 잰말놀이 연습

> Xiǎo Chén qù mài zhēn, Xiǎo Shěn qù mài pén.
> Liǎ rén tiāozhe dàn, yìqǐ chūle mén.
> Xiǎo Chén hǎn mài zhēn, Xiǎo Shěn hǎn mài pén.
> Yě bù zhī shì shéi mài zhēn, yě bù zhī shì shéi mài pén.

小陈去卖针，小沈去卖盆。
俩人挑着担，一起出了门。
小陈喊卖针，小沈喊卖盆。
也不知是谁卖针，也不知是谁卖盆。

2 잰말놀이 연습

> Nán yǎnyuán chuān lán zhìfú, nǚ yǎnyuán chuān mián zhìfú,
> lán zhìfú shì mián zhìfú, mián zhìfú shì lán zhìfú.
> Nán yǎnyuán chuān lán mián zhìfú,
> nǚ yǎnyuán chuān mián lán zhìfú.

男演员穿蓝制服，女演员穿棉制服，
蓝制服是棉制服，棉制服是蓝制服。
男演员穿蓝棉制服，女演员穿棉蓝制服。

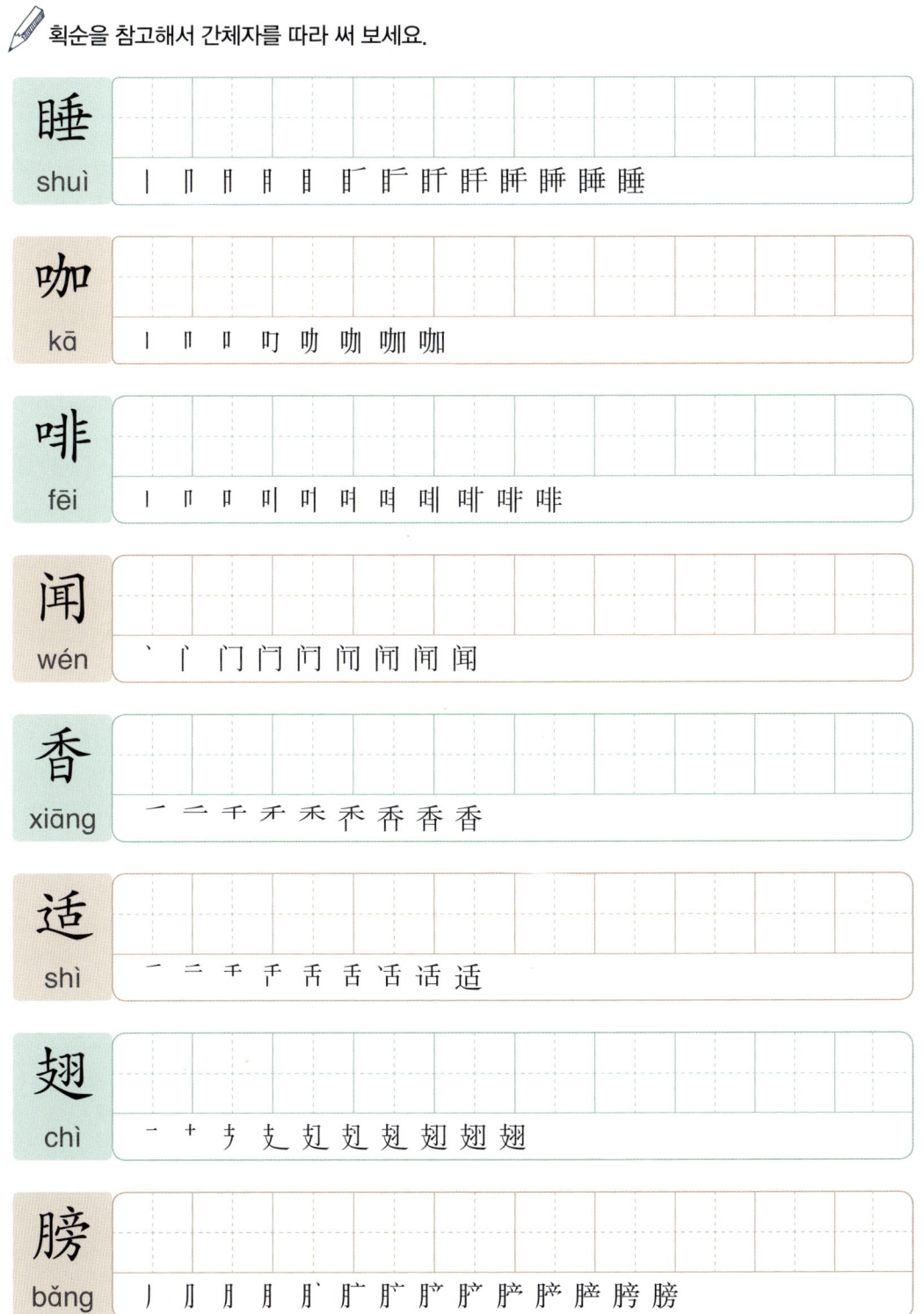

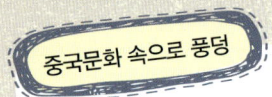

소수 민족의 전통 축제

나담 축제 (那达慕 Nàdámù)

나담 축제는 몽고족의 전통 축제이다. 나담은 몽고어인 '那达慕 Nàdámù'에서 유래된 말로, '유희', '오락'이라는 뜻이다. 매년 여름과 가을 사이에 드넓은 초원에서 열리는데, 씨름, 말타기 경주, 활쏘기 시합은 나담 축제를 구성하는 3대 종목이다. 또한 몽고 전통 춤과 음악 공연도 펼쳐져 몽고족만의 특색 있는 민속 문화를 엿볼 수 있다.

발수 축제 (泼水节 Pōshuǐ Jié)

발수 축제는 소수 민족인 태족(傣族 Dǎizú)의 전통 축제로, 태족 달력의 새해에 태족 사람들이 전통 의상을 차려 입고 광장에 모여 서로에게 물을 뿌린다. 태족 사람들은 물이 액운을 씻어준다고 생각하여 서로를 축복해 주는 의미로 물을 뿌리며 축제를 즐긴다.

횃불 축제 (火把节 Huǒbǎ Jié)

횃불 축제는 이족(彝族 Yízú)의 전통 축제인데, 백족(白族 Báizú), 납서족(纳西族 Nàxīzú) 등의 소수 민족도 이 축제를 함께 즐긴다. 횃불 축제는 해충을 퇴치하려는 목적으로 시작되었으며, 축제 기간 동안 대문에 횃불을 걸거나 횃불을 들고 밭을 밟기도 한다. 3일째 밤에는 다 같이 모여 불을 피우고 노래와 춤을 즐기며 밤을 새운다. 남자들은 소 싸움, 말타기, 씨름을 하고 여자들은 노래를 부르며 월금(月琴 yuèqín)을 연주하는 풍습이 있다.

용선 축제 (龙船节 Lóngchuán Jié)

용선 축제는 묘족(苗族 Miáozú)의 전통 축제로, 음력 5월에 열리는 행사이다. 묘족은 예로부터 용을 상서로운 힘의 원천으로 여겨 용선 축제를 통해 용에게 제사를 지냈다. 용선(龙船)은 삼나무로 만든 배로, 용선의 뱃머리에 용머리를 얹고 양쪽에 용의 뿔을 달아 배를 장식한다. 용선 축제가 시작되면 약 40여 명의 선원들이 용선에 올라 노를 저으며 경기를 벌인다. 묘족뿐 아니라 한족과 다른 소수 민족들도 단오절(端午节 Duānwǔ Jié)에 초나라 시인 굴원(屈原 Qū Yuán)의 충정을 기리는 목적으로 용선 축제를 열고 있다.

03

走着去有点儿远。
Zǒuzhe qù yǒudiǎnr yuǎn.

걸어가면 좀 멀어요.

학습 포인트

- 동태조사 '着' 용법 (2): 동작의 방식이나 상태
- '有点儿'과 '一点儿'의 차이점 알기
- '……的话' 구문 활용하기
- 2음절 형용사의 중첩형 이해하기

나의 회화 수첩

상황 ❶　걸어서 강남까지?　🔊 03-01

游　客　**从这儿到江南有多远啊?**
　　　　Cóng zhèr dào Jiāngnán yǒu duō yuǎn a?

松　怡　**江南离这儿有五站路。**
　　　　Jiāngnán lí zhèr yǒu wǔ zhàn lù.

游　客　**我们可以走着去吗?**
　　　　Wǒmen kěyǐ zǒuzhe qù ma?

松　怡　**走着去有点儿远。**
　　　　Zǒuzhe qù yǒudiǎnr yuǎn.

游　客　**打的去的话, 需要多长时间?**
　　　　Dǎdī qù dehuà, xūyào duō cháng shíjiān?

松　怡　**如果不堵车, 只需要七八分钟。**
　　　　Rúguǒ bù dǔchē, zhǐ xūyào qī bā fēnzhōng.

江南 Jiāngnán 고유 강남 | 远 yuǎn 형 멀다 ↔ 近 jìn 가깝다 | 有点儿 yǒudiǎnr 부 조금 | 打的 dǎdī 동 택시를 타다, 택시를 잡다 | 的话 dehuà 조 ~이라면 [가정의 뜻을 나타냄] | 需要 xūyào 동 필요하다 | 如果 rúguǒ 접 만약

상황 ❷　뒹굴뒹굴 책 보기　🔊 03-02

张金喜　**你老躺着看书, 躺着看电视, 累不累?**
　　　　Nǐ lǎo tǎngzhe kàn shū, tǎngzhe kàn diànshì, lèi bu lèi?

乐　天　**我一点儿都不累。**
　　　　Wǒ yìdiǎnr dōu bú lèi.

张金喜　**你不能坐着看书啊?**
　　　　Nǐ bù néng zuòzhe kàn shū a?

乐　天　**妈妈, 我坐着看书就腰疼。**
　　　　Māma, wǒ zuòzhe kàn shū jiù yāo téng.

老 lǎo 부 늘, 항상 | 躺 tǎng 동 눕다 | 一点儿 yìdiǎnr 수량 조금 | 腰 yāo 명 허리 | 疼 téng 형 아프다

 상황 ❸ 친구에서 연인으로 🔊 03-03

松怡 **怎么了？**
Zěnme le?

民俊 **金松怡呢？**
Jīn Sōngyí ne?

松怡 **傻瓜！**
Shǎguā!

民俊 **今天出什么事了？你怎么突然变美女了？**
Jīntiān chū shénme shì le? Nǐ zěnme tūrán biàn měinǚ le?

松怡 **去你的。**
Qù nǐ de.

民俊 **你今天漂漂亮亮的，我有点儿晕！**
Nǐ jīntiān piàopiaoliàngliàng de, wǒ yǒudiǎnr yūn!

松怡 **我这样打扮可以吗？**
Wǒ zhèyàng dǎban kěyǐ ma?

民俊 **简直就像从杂志封面蹦出来的。**
Jiǎnzhí jiù xiàng cóng zázhì fēngmiàn bèng chūlai de.

松怡 **你也太夸张了吧。**
Nǐ yě tài kuāzhāng le ba.

民俊 **没呢，我说的是真的。**
Méi ne, wǒ shuō de shì zhēn de.

傻瓜 shǎguā 명 바보 | **出事** chūshì 동 일이 생기다, 사고가 나다 | **突然** tūrán 부 갑자기 형 갑작스럽다 | **变** biàn 동 변하다 | **美女** měinǚ 명 미녀 | **晕** yūn 형 어지럽다 | **打扮** dǎban 동 꾸미다, 화장하다 명 차림새, 단장 | **简直** jiǎnzhí 부 정말로, 그야말로 | **像** xiàng 동 ~와 같다 부 마치 | **封面** fēngmiàn 명 표지 | **蹦** bèng 동 뛰어오르다, 튀어오르다 | **夸张** kuāzhāng 형 과장하다 ●**去你的** qù nǐ de 됐다 [간섭을 원하지 않을 때 혹은 친구나 연인 사이에 장난스럽게 쓰는 관용 표현]

03 走着去有点儿远。 41

어법 노하우 대 공개

동태조사 '着' (2)

동태조사 '着'가 '동사1+着+동사2'의 형식으로 쓰일 경우, 동사1은 동사2의 방식이나 상태를 나타낸다.

弟弟躺着看书。
Dìdi tǎngzhe kàn shū.
동생은 누워서 책을 읽고 있어요.

我们喝着咖啡聊天儿。
Wǒmen hēzhe kāfēi liáotiānr.
우리는 커피를 마시면서 수다를 떨어요.

妈妈忙着准备午饭。 엄마는 점심식사를 준비하시느라 바빠요.
Māma mángzhe zhǔnbèi wǔfàn.

有点儿 vs 一点儿

'有点儿'은 '조금'이라는 뜻의 부사로, 동사나 형용사 앞에 쓰여 불만이나 부정적 뜻을 나타낸다.

今天有点儿冷。
Jīntiān yǒudiǎnr lěng.
오늘은 좀 추워요.

我有点儿害怕。
Wǒ yǒudiǎnr hàipà.
나는 조금 겁이 나요.

알아두자! '有点儿'과 함께 쓰이는 형용사로는 '饿 è', '累 lèi', '疼 téng', '瘦 shòu', '冷 lěng', '热 rè', '难 nán', '贵 guì' 등이 있고 문장에서 대부분 부정적인 의미를 나타낸다.

'有点儿'은 부정부사의 앞에 올 수 있다.

他有点儿不高兴。 그는 약간 기분이 상했어요.
Tā yǒudiǎnr bù gāoxìng.

'一点儿'은 '수사+양사' 형식의 수량사로 역시 '조금'이라는 뜻이다. 문장에서 관형어나 보어로 쓰이며 '一'는 생략할 수 있다.

我去买(一)点儿饼干。 (관형어)
Wǒ qù mǎi (yì)diǎnr bǐnggān.
나는 과자를 좀 사러 가.

奶奶的病好点儿了。 (보어)
Nǎinai de bìng hǎo diǎnr le.
할머니의 병환이 호전됐어.

'一点儿+也/都+不+동사' 혹은 '一点儿+也/都+没+동사'의 형식으로 쓰여 '조금도 ~하지 않다'라는 뜻을 나타낸다.

她一点儿都不爱我。
Tā yìdiǎnr dōu bú ài wǒ.
그녀는 나를 눈곱만큼도 사랑하지 않아.

这么多菜他一点儿也没吃。
Zhème duō cài tā yìdiǎnr yě méi chī.
이렇게 많은 음식을 그는 입에도 안 댔어.

……的话

'……的话'는 '~라면'이라는 가정의 뜻을 나타낸다. '如果……的话'나 '要是……的话'의 형식으로도 쓰여 '만약 ~라면'이라는 뜻을 나타낼 수 있다.

明天没事儿的话，我就去书店。 내일 일이 없으면, 나는 서점에 갈 거야.
Míngtiān méi shìr dehuà, wǒ jiù qù shūdiàn.

如果今天下雨的话，我们就明天出发。 만약 오늘 비가 오면, 우리는 내일 출발해요.
Rúguǒ jīntiān xià yǔ dehuà, wǒmen jiù míngtiān chūfā.

要是你不去的话，老师会生气的。 만약 네가 안 가면, 선생님이 화내실 거야.
Yàoshi nǐ bú qù dehuà, lǎoshī huì shēngqì de.

突然

'突然'은 부사로 쓰여 '갑자기'라는 뜻을 나타낸다. 주어 뒤나 술어 앞에 위치한다.

他突然哭起来了。 그는 갑자기 울기 시작했어요.
Tā tūrán kū qǐlai le.

'突然'은 형용사로 쓰여 '갑작스럽다'라는 뜻을 나타낸다. 보어나 술어로 쓰일 수 있다.

你们来得太突然了。　　　　　这件事太突然了。
Nǐmen lái de tài tūrán le.　　　 Zhè jiàn shì tài tūrán le.
너희들은 너무 갑작스럽게 왔어.　이 일은 너무 의외인데.

2음절 형용사의 중첩

2음절 형용사는 AABB형식과 ABAB형식으로 중첩할 수 있는데, AABB형식으로 더 많이 쓰인다. 단, 2음절 동사의 경우에는 ABAB형식으로 중첩하여 쓰는 것을 동시에 기억해 두어야 한다. 2음절 형용사 중첩형이 보어나 술어로 쓰일 경우, 보통 뒤에 구조조사 '的'를 붙인다.

- **AABB형식**

干干净净 gānganjìngjìng 매우 깨끗하다　|　高高兴兴 gāogaoxìngxìng 매우 기쁘다
痛痛快快 tòngtongkuàikuài 매우 통쾌하다　|　清清楚楚 qīngqingchūchū 매우 분명하다

我看得清清楚楚的。 내가 아주 똑똑히 봤어.
Wǒ kàn de qīngqingchūchū de.

알아두자! AABB형식에서 두 번째 음절은 경성으로 읽는다.

- **ABAB형식**

冰凉冰凉 bīngliáng bīngliáng 차디차다　|　通红通红 tōnghóng tōnghóng 새빨갛다
雪白雪白 xuěbái xuěbái 새하얗다　　 |　漆黑漆黑 qīhēi qīhēi 새까맣다

孩子的手冰凉冰凉的。 아이의 손이 차디차네.
Háizi de shǒu bīngliáng bīngliáng de.

새 단어

忙 máng 통 (어떤 일을) 바쁘게 하다 · 형 바쁘다 | 准备 zhǔnbèi 통 준비하다 | 害怕 hàipà 통 겁내다 | 瘦 shòu 형 마르다
饼干 bǐnggān 명 과자 | 奶奶 nǎinai 명 할머니 | 书店 shūdiàn 명 서점 | 要是 yàoshi 접 만약 | 生气 shēngqì 통 화내다

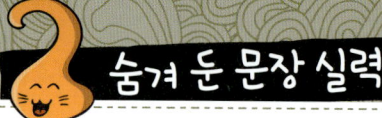

숨겨 둔 문장 실력

▶ 바꿔서 말해 보고, 이를 활용해 대화를 나눠 보세요. 🎧 03-04

하나 我们可以走着去吗？
唱着歌
背着登山包
戴着帽子

실력 up!
A 我们可以走着去吗？
B 可以，没问题。

唱歌 chànggē 노래를 부르다 | 背登山包 bēi dēngshānbāo 등산 가방을 메다 | 戴帽子 dài màozi 모자를 쓰다

둘 我坐着看书就腰疼。
躺　看电视　头疼
站　说话　　脚疼
蹲　吃饭　　肚子疼

실력 up!
A 你不能坐着看书啊?
B 我坐着看书就腰疼。

头疼 tóuténg 머리가 아프다 | 站 zhàn 서다 | 脚疼 jiǎo téng 다리가 아프다 | 蹲 dūn 쪼그리고 앉다
肚子疼 dùzi téng 배가 아프다

셋 我这样打扮可以吗？
说话
处理
写信

실력 up!
A 我这样打扮可以吗？
B 可以啊。

处理 chǔlǐ 처리하다 | 写信 xiě xìn 편지를 쓰다

단어 플러스

일상적인 병 증상
发烧 fāshāo 열이 나다 | 流鼻涕 liú bítì 콧물이 흐르다 | 咳嗽 késou 기침하다 | 嗓子疼 sǎngzi téng 목이 아프다
头疼 tóuténg 머리가 아프다 | 牙痛 yá tòng 이가 아프다 | 胃痛 wèi tòng 위가 아프다 | 肚子疼 dùzi téng 배가 아프다
便秘 biànmì 변비 | 腹泻 fùxiè 설사를 하다

나만의 복습 다이어리

오늘은 동태조사 '着'의 두 번째 용법 등장! 문장에 동사가 두 개 있을 때 '着'가 첫 번째 동사 뒤에 놓이면 두 번째 동사의 방식이나 상태를 나타낸대. 낙천이처럼 누워서 책을 본다면? '躺着看书。Tǎngzhe kàn shū.'라고 하면 되겠지. 그럼 걸어서 간다고 한다면? '走着去。Zǒuzhe qù.'라고 하면 돼. 이렇게 첫 번째 동사 뒤에 '着'가 붙어 두 번째 동사의 방식이 된다는 것, 꼭 기억하자고!

중국어 공부를 하면서 엄청 헷갈리는 어법 중의 하나가 바로 '有点儿 yǒudiǎnr'과 '一点儿 yìdiǎnr'이야. 한 글자만 다를 뿐인데 품사와 용법이 모두 달라. '有点儿'은 부사, '一点儿'은 수량사인데 '一点儿'에서 '一'는 생략할 수 있어. 그럼 헷갈리지 않게 대표적인 예문을 하나씩 만들어 보자고.

나는 좀 어지러워.   我有点儿晕。Wǒ yǒudiǎnr yūn.
나는 물을 좀 마셔요.   我喝点儿水。Wǒ hē diǎnr shuǐ.

참! '一点儿+也/都' 뒤에 '不'나 '没'를 써서 '조금도 ~하지 않다'라는 강조 표현을 만들기도 한대. 예문을 볼까?

나는 하나도 안 피곤해.   我一点儿都不累。Wǒ yìdiǎnr dōu bú lèi.
이렇게 많은 음식을 그는 조금도 안 먹었어. 这么多菜他一点儿也没吃。Zhème duō cài tā yìdiǎnr yě méi chī.

2권에서 1음절 형용사 중첩형을 배웠는데, 이번 과에서는 2음절 형용사의 중첩형을 배웠어. 형용사를 중첩하면 역시나 생동감 넘치는 표현이 되지. 예를 들면~

오늘 너 엄청 예쁘다!   今天你漂漂亮亮的! Jīntiān nǐ piàopiaoliàngliàng de!

와! 오늘도 많이 배웠네. 나머지 어법은 차 한 잔 마시고 와서 다시 살펴봐야지~
지금부터 15분 간 자유 시간!!

즉문즉답

Q 선생님, '有点儿'과 '一点儿'의 용법이 너무 헷갈려요!

A '有点儿'과 '一点儿' 모두 '조금'이라는 뜻이지만 용법의 차이가 있지요.

'有点儿'은 술어 앞에서 부사어로 쓰여 주로 불만의 어감을 나타내고, '一点儿'은 수량사로 명사 앞에서 관형어 역할을 하거나 술어 뒤에서 보어 역할을 하지요. 예문을 통해 확인해 봅시다.

今天有点儿热。 Jīntiān yǒudiǎnr rè. 오늘 좀 덥네요.
今天暖和一点儿了。 Jīntiān nuǎnhuo yìdiǎnr le. 오늘은 좀 따뜻해졌어요.

차근차근 실력 확인

1 잘 듣고 녹음 내용과 일치하는 그림을 골라 보세요. 🎧 03-05

❶ (   )   ❷ (   )   ❸ (   )   ❹ (   )

a

b

c

d

2 아래의 보기에서 알맞은 단어를 골라 문장을 완성해 보세요.

| 보기 | 夸张   突然   如果   老   简直

❶ ＿＿＿＿＿＿不堵车，只需要七八分钟。

❷ 他＿＿＿＿＿＿躺着看书。

❸ 你怎么＿＿＿＿＿＿变美女了？

❹ ＿＿＿＿＿＿就像从杂志封面蹦出来的。

❺ 你也太＿＿＿＿＿＿了吧。

3 대화가 완성될 수 있도록 문장을 알맞게 연결해 보세요.

① 我们可以走着去吗?
Wǒmen kěyǐ zǒuzhe qù ma?

② 从这儿到江南有多远?
Cóng zhèr dào Jiāngnán yǒu duō yuǎn?

③ 你躺着看电视，累不累?
Nǐ tǎngzhe kàn diànshì, lèi bu lèi?

④ 我这样打扮可以吗?
Wǒ zhèyàng dǎban kěyǐ ma?

A 离这儿有五站路。
Lí zhèr yǒu wǔ zhàn lù.

B 走着去有点儿远。
Zǒuzhe qù yǒudiǎnr yuǎn.

C 可以，非常漂亮。
Kěyǐ, fēicháng piàoliang.

D 我一点儿都不累。
Wǒ yìdiǎnr dōu bú lèi.

4 주어진 단어를 어순에 맞게 배열하고, 문장 전체를 해석해 보세요.

① 去　的话　十　需要　分钟　打的

문장 : _____。

뜻 : _____.

② 咖啡　着　聊天儿　我们　喝

문장 : _____。

뜻 : _____.

③ 看　我　得　的　清清楚楚

문장 : _____。

뜻 : _____.

④ 你们　得　突然　了　来　太

문장 : _____。

뜻 : _____.

발음·성조 클리닉

📓 잰말놀이를 통해 발음과 성조를 연습해 보세요. 🎧 03-06

1 잰말놀이 연습

> Liǔlínzhèn yǒu ge liù hào lóu, Liú lǎoliù zhùzài liù hào lóu.
> Yǒu yì tiān, láile Niú lǎoliù, qiānle liù zhī hóu;
> láile Hóu lǎoliù, lāle liù tóu niú;
> láile Qiú lǎoliù, tíle liù lǒu yóu;
> láile Yóu lǎoliù, bēile liù pǐ chóu.

柳林镇有个六号楼，刘老六住在六号楼。
有一天，来了牛老六，牵了六只猴；
来了侯老六，拉了六头牛；
来了仇老六，提了六篓油；
来了尤老六，背了六匹绸。

2 잰말놀이 연습

> Niú lǎoliù、Hóu lǎoliù、Qiú lǎoliù、Yóu lǎoliù,
> zhùshàng Liú lǎoliù de liù hào lóu.
> Bànyè li, niú dǐ hóu, hóu dòu niú,
> zhuàngdǎole Qiú lǎoliù de yóu,
> yóu huàile Yóu lǎoliù de chóu.

牛老六、侯老六、仇老六、尤老六，
住上刘老六的六号楼。
半夜里，牛抵猴，猴斗牛，
撞倒了仇老六的油，
油坏了尤老六的绸。

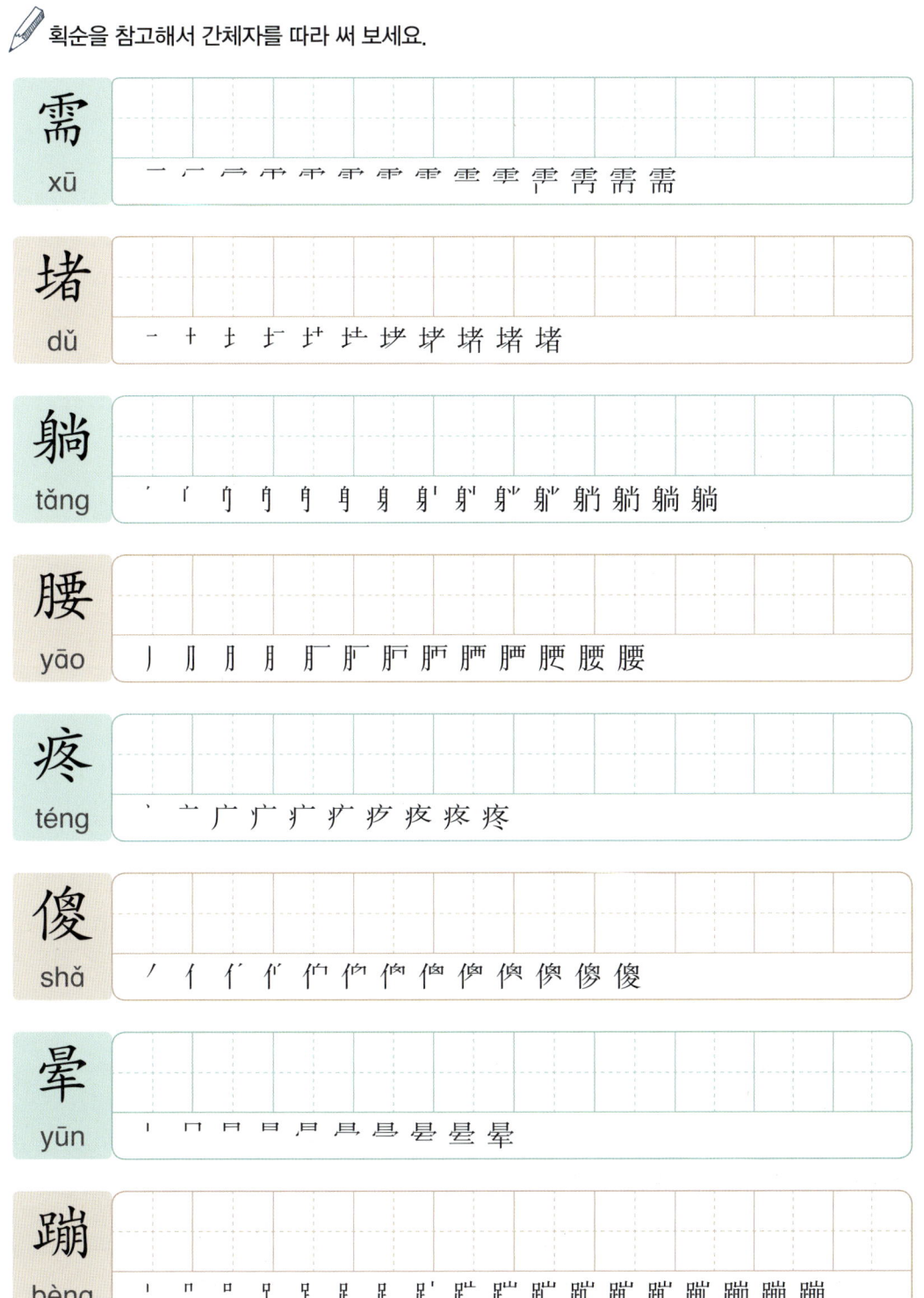

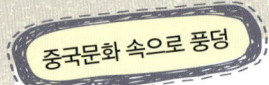

중국 요리 기행 ④

산둥 요리 (鲁菜 Lǔcài)

산둥 성(山东省 Shāndōngshěng)의 요리인 산둥 요리는 중국 북방 지역을 대표하는 요리로, 중국의 8대 요리 중 역사가 가장 오래된 것으로 알려져 있다. 베이징 요리(京菜 Jīngcài)의 원형인 산둥 요리는 명·청 시기에는 궁중에서 요리되기도 하였다. 주로 육류, 해산물, 채소 등을 볶고, 튀기고, 굽고, 찌고, 훈제하는 조리법을 사용하는데, 그중에서도 끓는 기름에 재빨리 튀기거나 끓는 물에 데치는 조리법(爆 bào)을 최고로 친다. 이 조리법을 통해 원재료 고유의 맛을 살리며 바삭거리고 부드러운 식감을 낸다. 또한 파, 생강, 마늘을 많이 사용하여 요리의 향을 좋게 한다.

红烧甲鱼 hóngshāojiǎyú

葱烧海参 cōngshāohǎishēn

拔丝苹果 básīpíngguǒ

안후이 요리 (徽菜 Huīcài)

안후이 요리는 안후이 성(安徽省 Ānhuīshěng)의 남부 지역, 양쯔 강(扬子江 Yángzǐjiāng) 연안, 화이허(淮河 Huáihé) 연안 등 3개 지역을 대표하는 요리를 말한다. 안후이 성의 산간 지역에는 야생 동물들과 귀한 약재가 많고, 양쯔 강과 화이허 일대에는 해산물이 풍부하여 진귀한 식재료를 사용하는 보양식이 발달하였다. 안후이 요리는 졸이고, 찌고, 훈제하는 방식을 주로 사용하며 볶는 조리법은 많이 사용하지 않는다. 기름을 많이 쓰고 음식의 색을 중시하며 불 조절에 특히 주의를 많이 기울인다. 얼음 설탕을 많이 사용하고 식재료 본연의 맛을 살리는 것도 안후이 요리에서 볼 수 있는 특징이다.

火腿炖甲鱼 huǒtuǐdùnjiǎyú

无为熏鸡 wúwéixūnjī

徽州毛豆腐 huīzhōumáodòufu

04

他比我小两岁。
Tā bǐ wǒ xiǎo liǎng suì.

그는 나보다 두 살 어려.

학습 포인트

- 'A+比+B' 비교문 익히기
- 'A+跟+B+一样/不一样' 비교문 익히기
- 'A+有/没有+B' 비교문 익히기

나의 회화 수첩

 상황 ❶ 알다가도 모를 그녀의 마음 🎧 04-01

民俊 **你比以前瘦了很多。**
Nǐ bǐ yǐqián shòule hěn duō.

松怡 **我最近在减肥，比上个月减轻了六斤。**
Wǒ zuìjìn zài jiǎnféi, bǐ shàng ge yuè jiǎnqīngle liù jīn.

民俊 **你那么瘦还减什么肥啊?**
Nǐ nàme shòu hái jiǎn shénme féi a?

松怡 **唉! 男人永远不懂女人心。**
Āi! Nánrén yǒngyuǎn bù dǒng nǚrén xīn.

比 bǐ 개 ~보다, ~에 비해 | 以前 yǐqián 명 이전 | 瘦 shòu 형 마르다 | 减肥 jiǎnféi 동 살을 빼다 | 减轻 jiǎnqīng 동 감소하다 | 永远 yǒngyuǎn 부 영원히 | 懂 dǒng 동 알다, 이해하다 | 心 xīn 명 마음

 상황 ❷ 취향까지 닮은 우리는 친구! 🎧 04-02

青青 **你看，你的运动鞋跟我一样。**
Nǐ kàn, nǐ de yùndòngxié gēn wǒ yíyàng.

乐天 **我们俩的运动鞋真的一模一样。**
Wǒmen liǎ de yùndòngxié zhēn de yìmúyíyàng.

青青 **你也在网上买的?**
Nǐ yě zài wǎng shang mǎi de?

乐天 **我们俩心有灵犀了吧。**
Wǒmen liǎ xīnyǒulíngxī le ba.

运动鞋 yùndòngxié 명 운동화 | 一样 yíyàng 형 같다 ▶ A跟B一样 A gēn B yíyàng A는 B와 같다 | 一模一样 yìmúyíyàng 성 완전히 똑같다 | 网上 wǎng shang 온라인, 인터넷 | 心有灵犀 xīnyǒulíngxī 성 마음이 통하다

 연상연하 커플 🎧 04-03

松怡 珍珠，你男朋友比你大几岁？
Zhēnzhū, nǐ nánpéngyou bǐ nǐ dà jǐ suì?

珍珠 他没有我大，他比我小两岁。
Tā méiyǒu wǒ dà, tā bǐ wǒ xiǎo liǎng suì.

松怡 你们就是"姐弟恋"啊？
Nǐmen jiù shì "jiě dì liàn" a?

珍珠 对啊。
Duì a.

松怡 他追了你多长时间？
Tā zhuīle nǐ duō cháng shíjiān?

珍珠 他追了我一年半。
Tā zhuīle wǒ yì nián bàn.

松怡 你喜欢他的什么？
Nǐ xǐhuan tā de shénme?

珍珠 我喜欢他的仗义和体贴。
Wǒ xǐhuan tā de zhàngyì hé tǐtiē.

松怡 我觉得你们俩很般配。
Wǒ juéde nǐmen liǎ hěn bānpèi.

珍珠 是吧？我也这么想。
Shì ba? Wǒ yě zhème xiǎng.

姐弟恋 jiě dì liàn 연상연하 커플 [여자가 남자보다 나이가 많은 연인을 이르는 말] | **仗义** zhàngyì 형 의리를 중시하다
体贴 tǐtiē 통 자상하게 돌보다 | **般配** bānpèi 형 잘 어울리다 | **想** xiǎng 통 생각하다

어법 노하우 대 공개

> **'A+比+B' 비교문**

'A+比+B+형용사/동사'는 'A는 B보다 ~하다'라는 뜻으로, 사람이나 사물의 성질, 형상, 정도의 차이를 비교하는 구문이다.

① 기본 문형

[A+比+B+형용사]

今天比昨天热。
Jīntiān bǐ zuótiān rè.
오늘은 어제보다 더워요.

她比我大。
Tā bǐ wǒ dà.
그녀는 나보다 나이가 많아요.

[A+比+B+동사+목적어]

他比我喜欢唱歌。
Tā bǐ wǒ xǐhuan chànggē.
그가 나보다 노래하는 것을 좋아해요.

她比你了解中国。
Tā bǐ nǐ liǎojiě Zhōngguó.
그녀가 너보다 중국에 대해 잘 알고 있어.

[A+比+B+형용사+보어]

보어로 '得多', '多了'를 써서 정도의 차이가 매우 큼을 나타낼 수 있다.

韩语比汉语难得多。
Hányǔ bǐ Hànyǔ nán de duō.
한국어가 중국어보다 훨씬 더 어려워요.

爷爷的病比以前好多了。
Yéye de bìng bǐ yǐqián hǎo duō le.
할아버지의 병환이 전보다 많이 호전됐어요.

보어로 수량보어를 써서 구체적인 수량의 차이를 나타낼 수 있다. 수량보어로는 주로 수량사가 쓰인다.

他比我大三岁。
Tā bǐ wǒ dà sān suì.
그는 나보다 세 살이 많아요.

这座山比那座山低一点儿。
Zhè zuò shān bǐ nà zuò shān dī yìdiǎnr.
이 산이 저 산보다 약간 낮아요.

② 용법의 특징

동사나 형용사 앞에 부사 '更', '还'를 써서 '훨씬 더'라는 뜻을 나타낼 수 있다. '更'은 비교대상 없이 단독으로 쓸 수 있지만 '还'는 반드시 비교대상을 동반해야 한다는 차이가 있다.

我的运动鞋(比你的)更贵。
Wǒ de yùndòngxié (bǐ nǐ de) gèng guì.
내 운동화가 훨씬 더 비싸요.

这个包比那个包还好。
Zhège bāo bǐ nàge bāo hái hǎo.
이 가방이 저 가방보다 더 좋아요.

'A+比+B' 구문에서 A와 B에 동일한 내용이 중복될 경우, 일부분 생략이 가능하다.

你买的鞋比我买的(鞋)好。
Nǐ mǎi de xié bǐ wǒ mǎi de (xié) hǎo.
네가 산 신발이 내가 산 것보다 좋아.

这个公园比那个(公园)更大。
Zhège gōngyuán bǐ nàge (gōngyuán) gèng dà.
이 공원이 저 공원보다 훨씬 커.

부사 '都', '又', '也', '只'를 쓸 경우, '比'의 앞에 놓는다.

他们都比我小。
Tāmen dōu bǐ wǒ xiǎo.
그들은 모두 나보다 어려요.

我又比他早到了半个小时。
Wǒ yòu bǐ tā zǎo dàole bàn ge xiǎoshí.
나는 또 그보다 30분 일찍 도착했어요.

'A+跟+B+一样/不一样' 비교문

[A+跟+B+一样/不一样]
'A는 B와 같다/다르다'라는 뜻을 나타낸다.

我的想法跟你一样。
Wǒ de xiǎngfǎ gēn nǐ yíyàng.
내 생각은 너와 같아.

她的专业跟你的专业不一样。
Tā de zhuānyè gēn nǐ de zhuānyè bù yíyàng.
그녀의 전공은 너의 전공과 달라.

문장에서 부사어나 관형어로도 쓰일 수 있다.

他考得跟我一样好。 (부사어)
Tā kǎo de gēn wǒ yíyàng hǎo.
그는 나만큼 시험을 잘 봤어.

我想买一双跟你一样的皮鞋。 (관형어)
Wǒ xiǎng mǎi yì shuāng gēn nǐ yíyàng de píxié.
나는 네 것이랑 같은 구두를 사고 싶어.

[A+跟+B+差不多]
'一样/不一样' 대신 '差不多'가 쓰여 'A는 B와 비슷하다'라는 뜻을 나타낼 수 있다.

我的爱好跟我男朋友差不多。
Wǒ de àihào gēn wǒ nánpéngyou chàbuduō.
내 취미는 내 남자친구의 취미와 비슷해.

首尔的天气跟北京差不多。
Shǒu'ěr de tiānqì gēn Běijīng chàbuduō.
서울의 날씨는 베이징과 비슷해.

'A+有/没有+B' 비교문

[A+有+B+(这么/那么)+형용사]
'A는 B만큼 ~하다'라는 뜻으로, A가 B의 기준에 다다름을 나타낸다.

你有我哥哥这么高。
Nǐ yǒu wǒ gēge zhème gāo.
너는 우리 형만큼 키가 커.

这种葡萄有那种葡萄那么甜。
Zhè zhǒng pútao yǒu nà zhǒng pútao nàme tián.
이 포도는 저 포도만큼 달아.

[A+没有+B+(这么/那么)+형용사]
'A는 B만큼 ~하지 못하다'라는 뜻으로, A가 B의 기준에 다다르지 못함을 나타낸다.

我的数学成绩没有你好。
Wǒ de shùxué chéngjì méiyǒu nǐ hǎo.
내 수학 성적은 너만큼 좋지 않아.

我没有他那么聪明。
Wǒ méiyǒu tā nàme cōngmíng.
나는 그 애만큼 똑똑하지 않아.

새 단어

了解 liǎojiě 동 이해하다, 알다 | 爷爷 yéye 명 할아버지 | 低 dī 형 낮다 | 更 gèng 부 더욱 | 包 bāo 명 가방 | 想法 xiǎngfa 명 생각 | 专业 zhuānyè 명 전공 | 皮鞋 píxié 명 구두 | 差不多 chàbuduō 형 비슷하다 | 种 zhǒng 양 종류 | 葡萄 pútao 명 포도 | 甜 tián 형 달다 | 数学 shùxué 명 수학 | 成绩 chéngjì 명 성적 | 聪明 cōngmíng 형 똑똑하다

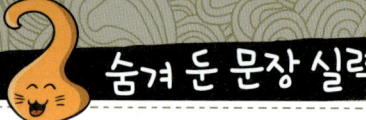
숨겨 둔 문장 실력

▶ 바꿔서 말해 보고, 이를 활용해 대화를 나눠 보세요. 🎧 04-04

하나 你比以前瘦了很多。
　　　　胖
　　　　帅
　　　　聪明

> 실력 up!
> A 我比以前瘦了吗?
> B 你比以前瘦了很多。

胖 pàng 뚱뚱하다 ｜ 帅 shuài 잘생기다 ｜ 聪明 cōngmíng 똑똑하다

둘 你的运动鞋跟我一样。
　　　　帽子
　　　　衬衫
　　　　背包

> 실력 up!
> A 你的运动鞋跟我一样。
> B 我们俩的运动鞋一模一样。

帽子 màozi 모자 ｜ 衬衫 chènshān 셔츠 ｜ 背包 bèibāo 배낭

셋 他没有我大，他比我小两岁。
　　　　小金　　　　　一
　　　　乐天　　　　　三
　　　　张老师　　　　五

> 실력 up!
> A 他比你大几岁?
> B 他没有我大，他比我小两岁。

小金 Xiǎo Jīn 김 군 ｜ 张老师 Zhāng lǎoshī 장 선생님

단어 플러스

다양한 신발 종류

运动鞋 yùndòngxié 운동화 ｜ 皮鞋 píxié 구두 ｜ 高跟鞋 gāogēnxié 하이힐 ｜ 雨鞋 yǔxié 장화 ｜ 拖鞋 tuōxié 슬리퍼 ｜ 凉鞋 liángxié 샌들 ｜ 长筒靴 chángtǒngxuē 부츠 ｜ 胶鞋 jiāoxié 스니커즈 ｜ 布鞋 bùxié 패브릭 슈즈 ｜ 平底鞋 píngdǐxié 플랫 슈즈 ｜ 登山鞋 dēngshānxié 등산화

나만의 복습 다이어리

매번 다채로운 어법의 등장 때문에 머리가 다 어질어질해. 그래도 한 과 한 과 넘어갈 때마다 '오늘은 또 무슨 어법?'하며 은근히 새로운 내용에 대해 기대감이 생기는 거 있지!

오늘은 너와 나의 차이를 비교해 볼 수 있는 비교문 등장!
비교문의 기본 구조는 'A+比+B+형용사/동사'로, 'A는 B보다 ~하다'라는 뜻이지. '比'는 비교대상의 앞에 놓으면 돼. 간단한 예문으로 시작해 볼까?

나는 그보다 나이가 많아요.   我比他大。Wǒ bǐ tā dà.

3권에서 보어 공부 실컷 했다고 생각했는데, 오잉? 아직 하나가 더 있었네. 비교문에 쓰여서 구체적인 수량의 차이를 나타내 주는 보어, 이름하여 바로~ 수량보어! 예를 들어 보자~

그는 나보다 두 살 어려요.    他比我小两岁。Tā bǐ wǒ xiǎo liǎng suì.

위의 문장에서 '两岁'가 바로 수량보어가 되는 거지.

주어와 비교대상이 서로 같다는 표현을 하고 싶을 땐 'A+跟+B+一样'을 쓰고, 그 반대로는?
'A+跟+B+不一样'이라 하면 오케이! 각각 예문 하나씩 만들어 볼까나?

내 취미는 너와 같아.   我的爱好跟你一样。Wǒ de àihào gēn nǐ yíyàng.
그녀의 전공은 너의 전공과 달라.   她的专业跟你的专业不一样。Tā de zhuānyè gēn nǐ de zhuānyè bù yíyàng.

마지막으로 'A+有/没有+B' 형식의 비교문이 있는데 말이야. '有'를 쓰면 A가 B의 기준에 다다름을 나타내고, '没有'를 쓰면 A가 B의 기준에 다다르지 못함을 나타내지.

그는 나보다 나이가 많지 않아요.   他没有我大。Tā méiyǒu wǒ dà.

비교문들아, 모두 다 내 머릿속으로 쏙쏙 들어와 줘~

즉문즉답

Q 선생님, '我的汉语比他很好。'라고 할 수 있나요?

A 아닙니다. 비교문에는 정도부사를 쓸 수 없습니다.

비교문은 사람이나 사물을 비교하는 문형으로 그 차이가 어떤지를 정확히 나타내야 하기 때문에 주관적인 정도를 나타내는 '很', '非常', '真'과 같은 정도부사는 쓸 수 없지요. 대신 정도의 차이를 나타내는 부사 '更'이나 '还'를 써서 '한층 더', '훨씬'의 뜻을 나타낼 수 있습니다.

这个比那个更好。Zhège bǐ nàge gèng hǎo. 이것이 저것보다 훨씬 좋다.
这个比那个真好。(X)

차근차근 실력 확인

1 잘 듣고 녹음 내용과 일치하는 그림을 골라 보세요. 🎧 04-05

❶ (　　　)　　❷ (　　　)　　❸ (　　　)　　❹ (　　　)

a

b

c
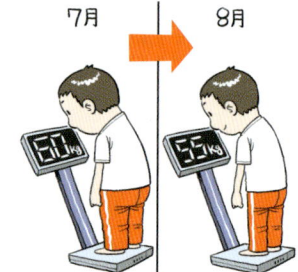

d

2 아래의 보기에서 알맞은 단어를 골라 문장을 완성해 보세요.

| 보기 |　　心有灵犀　　没有　　觉得　　减轻　　永远

❶ 我比上个月_____了六斤。

❷ 男人_____不懂女人心。

❸ 我们俩_____了吧。

❹ 我男朋友_____我大。

❺ 我_____你们俩很般配。

3 대화가 완성될 수 있도록 문장을 알맞게 연결해 보세요.

① 你比以前瘦了很多。
　　Nǐ bǐ yǐqián shòule hěn duō.

② 你喜欢他的什么?
　　Nǐ xǐhuan tā de shénme?

③ 我们俩的运动鞋一模一样!
　　Wǒmen liǎ de yùndòngxié yìmúyíyàng!

④ 你们就是"姐弟恋"啊?
　　Nǐmen jiù shì "jiě dì liàn" a?

A 对，我比他大。
　Duì, wǒ bǐ tā dà.

B 我最近在减肥呢。
　Wǒ zuìjìn zài jiǎnféi ne.

C 我喜欢他的仗义和体贴。
　Wǒ xǐhuan tā de zhàngyì hé tǐtiē.

D 你也在网上买的?
　Nǐ yě zài wǎng shang mǎi de?

4 주어진 단어를 어순에 맞게 배열하고, 문장 전체를 해석해 보세요.

① 我弟弟　小　我　比　两岁

문장 : _____ 。

뜻 : _____ .

② 以前　多了　爷爷的　比　病　好

문장 : _____ 。

뜻 : _____ .

③ 你的　一样　我　运动鞋　跟

문장 : _____ 。

뜻 : _____ .

④ 那么　你　好　成绩　我的　没有

문장 : _____ 。

뜻 : _____ .

발음·성조 클리닉

한국 드라마 속 명대사를 읽으며 발음과 성조를 연습해 보세요. 🎧 04-06

1

『괜찮아 사랑이야 (没关系，是爱情啊 Méi guānxi, shì àiqíng a)』

Zài zhège shìjiè shang zuì xìnggǎn de guānxi shì nánnǚ zhī jiān de yǒuqíng.

在这个世界上最性感的关系是男女之间的友情。
이 세상에서 가장 섹시한 관계는 남녀 간의 우정이지.

2

『별에서 온 그대 (来自星星的你 Láizì xīngxing de nǐ)』

Wúlùn shìfǒu qíngyuàn, gāi fāshēng de shìqing zǒng huì fāshēng. Dìqiú rén bǎ zhè zhǒng shìqing jiàozuò "mìngyùn".

无论是否情愿，该发生的事情总会发生。
地球人把这种事情叫做"命运"。
원하든 원하지 않든 일어날 일은 일어나게 되어 있어요.
지구인들은 그것을 '운명'이라고 부르더군요.

3

『프로듀사 (制作人 Zhìzuòrén)』

Hǎoxīn bìng bù yídìng bànchéng hǎoshì.

好心并不一定办成好事。
좋은 마음으로 했어도 꼭 좋은 쪽으로 결론이 나진 않아.

간체자와 친해지기

✏️ 획순을 참고해서 간체자를 따라 써 보세요.

瘦 shòu
丶 亠 广 广 疒 疒 疒 疒 疒 疒 疸 疸 痩 瘦 瘦

减 jiǎn
丶 冫 冫 厂 厂 沥 沥 沥 减 减 减

肥 féi
丿 刀 月 月 月' 月" 肝 肥

鞋 xié
一 十 艹 艹 艹 芒 苎 革 革 革 靯 靯 鞋 鞋

模 mú
一 十 扌 木 术 杧 杧 柑 梹 模 模 模 模 模

灵 líng
フ ヨ ヨ ヨ 큼 큼 灵 灵

般 bān
丿 丿 刀 月 舟 舟 舟 舩 般 般

配 pèi
一 厂 厂 丙 西 西 酉 酉' 酉" 配

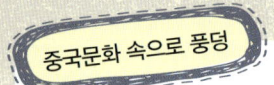

중국의 전통 의상

중국 영화 『화양연화(花样年华 Huāyàngniánhuá, 2013)』에서는 배우 장만위(张曼玉 Zhāng Mànyù)가 다양한 스타일의 치파오(旗袍 qípáo)를 입고 고혹적인 자태를 뽐내는 장면이 자주 등장하는데, 많은 여성들이 이 모습을 보며 '나도 저런 치파오를 한번 입어 봤으면……'하는 생각을 해 봤을 것 같다.

중국 영화나 드라마에 자주 등장하는 치파오는 원래 만주족 여성의 전통 복장에서 유래된 의상으로, 청(清)나라 순치제(顺治帝)가 수도를 베이징으로 옮기면서 중국 전역에 보급되었다. 20세기 초 신해혁명으로 서양의 복식 문화를 접한 신여성들은 치파오의 디자인을 개량하여 치마의 길이와 소매를 짧게 줄여 입기 시작하였다. 1940년대에 들어 치파오는 쇠퇴기를 맞았고, 1966년 문화대혁명 시기에는 치파오가 봉건 시대를 상징한다 하여 대량으로 불태워지는 수난을 겪기도 하였다. 그러나 개혁개방 이후 치파오는 중국의 전통 의상으로 그 지위가 다시 높아졌고, 독창성과 아름다움을 세계적으로 인정받으며 명실공히 중국의 예복(礼服 lǐfú)으로 그 자리를 지키고 있다.

치파오가 중국 여성복을 대표하는 의상이라면 중국의 남성복을 대표하는 의상으로는 중산복(中山服 zhōngshānfú)이 있다. 중국의 정치가 쑨원(孙文 Sūn Wén)이 서양식과 중국식 복장을 결합하여 고안한 옷으로, 그의 호인 '中山'을 따서 '중산복(中山服)'이라는 이름이 붙여졌다. 중국의 제1대 주석 마오쩌둥(毛泽东 Máo Zédōng)이 공식 석상에 자주 입고 나와 서양에서는 중산복을 'Mao Look(毛装 Máo zhuāng)'이라 부르기도 한다. 또한 '인민복(人民服 Rénmínfú)'이라고도 부르는데, 단순한 디자인과 실용성을 강조하여 남녀노소 누구나 입기 편하도록 디자인되었다.

쑨원과 국민당 정부는 중산복을 국가 공식 예복으로 지정하면서 이에 정치적 사상을 부여하였는데, 중산복 상의에 달린 네 개의 주머니는 나라를 다스리는 데 지켜야 할 네 가지 원칙인 예(礼), 의(义), 염(廉), 치(耻)를 상징한다. 또한 상의의 다섯 개 단추는 쑨원이 서양의 삼권분립에 대응해 내세운 오권분립, 즉 입법(立法), 사법(司法), 행정(行政), 감찰(检查), 고시(考试)를 의미한다. 이밖에 옷소매에 달린 세 개의 단추는 민생(民生), 민주(民主), 민족(民族)의 삼민주의를 뜻한다.

개혁개방 이후 중산복은 서양식 양복으로 많이 대체되었으나, 중국의 주석을 비롯한 공산당 간부들은 여전히 공식 석상에서 중산복을 즐겨 입고 있다.

05

像白雪公主一样漂亮。
Xiàng Báixuě gōngzhǔ yíyàng piàoliang.

백설 공주처럼 예뻐.

학습 포인트

- 'A+不如+B' 비교문 익히기
- 'A+不比+B' 비교문 익히기
- '只要……, 就……' 형식의 조건복문 만들기
- '越来越……' 구문 활용하기
- 'A+像/不像+B' 비교문 익히기

나의 회화 수첩

 상황 ❶ 축구가 없으면 무슨 재미   🎧 05-01

金泰山 昨天哪个队赢了？
Zuótiān nǎge duì yíng le?

乐 天 巴西队得了冠军。
Bāxī duì déle guànjūn.

金泰山 是吗？可平时巴西队踢得不如德国队好。
Shì ma? Kě píngshí Bāxī duì tī de bùrú Déguó duì hǎo.

乐 天 没有。巴西队踢得不比德国队差。
Méiyou. Bāxī duì tī de bù bǐ Déguó duì chà.

队 duì 명 팀 [조직의 단위] | 赢 yíng 동 이기다 | 巴西 Bāxī 고유 브라질 | 得 dé 동 얻다 | 冠军 guànjūn 명 우승, 1등 | 踢 tī 동 차다 ▶ 踢足球 tī zúqiú 축구를 하다 | 不如 bùrú 동 ~만 못하다 | 德国 Déguó 고유 독일 | 差 chà 형 좋지 않다, 못 미치다

 상황 ❷ 좋은 약은 입에 쓴 법   🎧 05-02

乐 天 妈妈，这种药好苦啊！
Māma, zhè zhǒng yào hǎo kǔ a!

张金喜 良药苦口嘛。
Liángyào kǔkǒu ma.

乐 天 吃完这药，我的感冒会好起来吗？
Chīwán zhè yào, wǒ de gǎnmào huì hǎo qǐlai ma?

张金喜 会的。只要你按时吃药，就会。
Huì de. Zhǐyào nǐ ànshí chī yào, jiù huì.

种 zhǒng 양 종류 | 药 yào 명 약 | 苦 kǔ 형 쓰다 ↔ 甜 tián 달다 | 良药苦口 liángyào kǔkǒu 좋은 약은 입에 쓰다 | 只要 zhǐyào 접 ~하기만 하면 ▶ 只要……，就…… zhǐyào……, jiù…… ~하기만 하면 ~하다 | 按时 ànshí 부 제때에, 시간에 맞추어

상황 ③ 첫눈 오는 날, 너와 나의 추억 만들기 🎧 05-03

松怡 **哎呀！冻死我了！**
Āiyā! Dòng sǐ wǒ le!

民俊 **冬天了，天气越来越冷了。**
Dōngtiān le, tiānqì yuèláiyuè lěng le.

松怡 **要是冬天不冷就好了。**
Yàoshi dōngtiān bù lěng jiù hǎo le.

民俊 **哈哈。不冷还算什么冬天啊？咦！你看，下雪了！**
Hāhā. Bù lěng hái suàn shénme dōngtiān a? Yí! Nǐ kàn, xià xuě le!

松怡 **哇！下初雪了！**
Wā! Xià chūxuě le!

民俊 **你站在那儿吧，我给你照相。**
Nǐ zhànzài nàr ba, wǒ gěi nǐ zhàoxiàng.

松怡 **好啊。**
Hǎo a.

民俊 **你站在雪地里像白雪公主一样漂亮。**
Nǐ zhànzài xuě dì li xiàng Báixuě gōngzhǔ yíyàng piàoliang.

松怡 **得了吧，王子。**
Déle ba, wángzǐ.

民俊 **公主，来，看我。一、二、三！**
Gōngzhǔ, lái, kàn wǒ. Yī、èr、sān!

冻 dòng 동 춥다, 차다 | 越来越…… yuèláiyuè…… 갈수록 ~하다 | 要是 yàoshi 접 만약 | 哈哈 hāhā 하하[웃음 소리를 나타냄] | 咦 yí 감 [놀람을 나타냄] | 下雪 xià xuě 눈이 내리다 | 初雪 chūxuě 명 첫눈 | 站 zhàn 동 서다 | 照相 zhàoxiàng 동 사진을 찍다 | 雪地 xuě dì 명 눈밭 | 像……一样 xiàng……yíyàng 마치 ~ 같다 | 白雪公主 Báixuě gōngzhǔ 고유 백설 공주 | 得了 déle 동 됐다 [제지 또는 동의의 뜻을 나타냄] | 王子 wángzǐ 명 왕자

어법 노하우 대 공개

'A+不如+B' 비교문

'A+不如+B' 형식은 'A는 B만 못하다'라는 열등의 의미를 나타내는 구문이다.

① 기본 문형

[A+不如+B]: A는 B만 못하다

我不如他。
Wǒ bùrú tā.
나는 그 친구만 못해.

远亲不如近邻。
Yuǎnqīn bùrú jìnlín.
먼 친척이 가까운 이웃만 못하다.

[A+不如+B+형용사]: A는 B만큼 ~하지 못하다

她不如你漂亮。
Tā bùrú nǐ piàoliang.
그녀는 너만큼 예쁘지 않아.

骑自行车不如坐公交车快。
Qí zìxíngchē bùrú zuò gōngjiāochē kuài.
자전거를 타는 것은 버스를 타는 것만큼 빠르지 않아.

② 용법의 특징

'A+不如+B+형용사'에서 자주 쓰이는 형용사로는 '好', '大', '高', '快', '漂亮', '美', '聪明' 등이 있다.

他不如你聪明。
Tā bùrú nǐ cōngmíng.
그는 너만큼 똑똑하지 않아.

这里的风景不如那里美。
Zhèli de fēngjǐng bùrú nàli měi.
이곳의 풍경은 저곳만큼 아름답지 않아.

'A+不如+B+형용사'의 형식에 정도보어를 쓸 수 있다.

中国队踢得不如英国队好。
Zhōngguó duì tī de bùrú Yīngguó duì hǎo.
중국팀은 영국팀만큼 축구를 잘하지 못해요.

我不如他跑得快。
Wǒ bùrú tā pǎo de kuài.
나는 그만큼 빨리 달리지 못해.

부사 '都', '也'를 쓸 경우, '不如' 앞에 놓는다.

这些人都不如诸葛亮。 이 사람들은 모두 제갈량만 못해.
Zhèxiē rén dōu bùrú Zhūgě Liàng.

'A+不比+B' 비교문

'A+不比+B+형용사' 형식은 'A는 B보다 ~하지는 않다'라는 뜻과 'A는 B와 비슷하다'라는 뜻을 나타낸다. 이 구문은 'A+比+B'의 부정형이 아님에 주의한다.

她不比我高。 그녀는 나보다 크지는 않다. [그녀는 나와 키가 비슷하거나 약간 작다.]
Tā bù bǐ wǒ gāo.

今天不比昨天冷。 오늘은 어제보다 춥지는 않다. [오늘은 어제와 비슷하거나 약간 덜 춥다.]
Jīntiān bù bǐ zuótiān lěng.

只要……，就……

'~하기만 하면 ~하다'라는 뜻으로, '只要' 뒤의 조건만 충족되면 '就' 뒤의 결과가 나타날 것임을 표현하는 구문이다.

只要努力，就能成功。
Zhǐyào nǔlì, jiù néng chénggōng.
노력하기만 하면 성공할 수 있어요.

只要你愿意，我就永远陪着你。
Zhǐyào nǐ yuànyì, wǒ jiù yǒngyuǎn péizhe nǐ.
네가 원한다면 내가 영원히 네 곁에 있을게.

越来越……

[越来越+형용사]

'갈수록 ~하다'라는 뜻으로, 시간의 경과에 따라 정도가 높아짐을 나타낸다. 문장 끝에 어기조사 '了'가 자주 동반된다.

工作条件越来越好了。
Gōngzuò tiáojiàn yuèláiyuè hǎo le.
근무 조건이 갈수록 좋아지고 있어요.

她越来越漂亮了。
Tā yuèláiyuè piàoliang le.
그녀는 갈수록 예뻐지고 있어.

[越+A+越+B]

'A할수록 B하다'라는 뜻으로, A의 상황 변화에 따라 B의 정도가 변화됨을 나타낸다. '越'의 앞에 각각 다른 주어가 올 수 있다.

我越到月底越忙。
Wǒ yuè dào yuèdǐ yuè máng.
나는 월말로 갈수록 바빠져요.

你越解释我越生气。
Nǐ yuè jiěshì wǒ yuè shēngqì.
네가 변명할수록 나는 더 화가 나.

'A+像/不像+B' 비교문

[A+像+B+一样]: A는 B 같다/A는 B를 닮았다

月亮像玉盘一样。 달이 옥쟁반 같아.
Yuèliang xiàng yù pán yíyàng.

[A+像+B+一样+형용사/동사]: A는 B처럼 ~하다

你像花一样好看。
Nǐ xiàng huā yíyàng hǎokàn.
너는 꽃처럼 예쁘구나.

他像他爸爸一样爱学习。
Tā xiàng tā bàba yíyàng ài xuéxí.
그는 자기 아빠처럼 공부를 좋아해.

[A+像/不像+B+(这么/那么)+형용사/동사]: A는 B처럼 ~하다/~하지 않다

我女儿像我这么聪明。
Wǒ nǚ'ér xiàng wǒ zhème cōngmíng.
우리 딸은 나처럼 똑똑해요.

你儿子不像你那么勤快。
Nǐ érzi bú xiàng nǐ nàme qínkuai.
자네 아들은 자네처럼 그렇게 부지런하지 않군.

새 단어

远亲 yuǎnqīn 명 먼 친척 | 近邻 jìnlín 명 가까운 이웃 | 骑 qí 동 (동물이나 자전거를) 타다 | 风景 fēngjǐng 명 풍경 | 愿意 yuànyì 동 원하다 | 陪 péi 동 동반하다 | 条件 tiáojiàn 명 조건 | 解释 jiěshì 동 설명하다, 변명하다 | 月亮 yuèliang 명 달 | 玉盘 yù pán 명 옥쟁반 | 花 huā 명 꽃 | 勤快 qínkuai 형 부지런하다

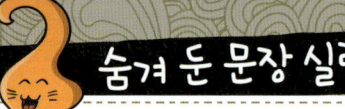

▶ 바꿔서 말해 보고, 이를 활용해 대화를 나눠 보세요. 🎧 05-04

하나 巴西队踢得不如德国队好。

他	跑	刘翔
乐天	游	孙杨
民俊	跳	姚明

刘翔 Liú Xiáng 리우샹 [중국의 육상 선수] | 孙杨 Sūn Yáng 쑨양 [중국의 수영 선수] | 跳 tiào 뛰다
姚明 Yáo Míng 야오밍 [중국의 농구 선수]

실력 up!
A 巴西队踢得怎么样?
B 巴西队踢得不如德国队好。

둘 只要你按时吃药，就会。

吃饭
睡觉
打针

睡觉 shuìjiào 잠을 자다 | 打针 dǎzhēn 주사를 맞다

실력 up!
A 我的感冒会好起来吗?
B 只要你按时吃药，就会。

셋 你像白雪公主一样漂亮。

爱迪生	聪明
我奶奶	热情
熊猫	可爱

爱迪生 Àidíshēng 에디슨 [미국의 발명가] | 聪明 cōngmíng 똑똑하다 | 我奶奶 wǒ nǎinai 우리 할머니
热情 rèqíng 다정하다 | 熊猫 xióngmāo 판다 | 可爱 kě'ài 귀엽다

실력 up!
A 你像白雪公主一样漂亮。
B 真的?

단어 플러스

축구와 관련된 단어
足球场 zúqiúchǎng 축구장 | 中场 zhōngchǎng 미드필드 [midfield] | 后场 hòuchǎng 백필드 [backfield] | 球门区 qiúménqū 골 에어리어 [goal area] | 罚球区 fáqiúqū 페널티 에어리어 [penalty area] | 任意球 rènyìqiú 프리킥
教练 jiàoliàn 코치 | 裁判 cáipàn 심판 | 守门员 shǒuményuán 골키퍼 | 啦啦队 lālāduì 응원단

나만의 복습 다이어리

오늘도 지난 과에 이어 여러 가지 비교문의 형식을 배웠지.
'A+不如+B'는 'A는 B만 못하다'라는 열등의 뜻을 갖고 있어. 우리말에도 '먼 친척이 가까운 이웃만 못하다.'라는 말이 있잖아. 그 표현이 바로 'A+不如+B' 형식의 대표적인 예문이야. 중국어로 바꾸어 볼까?

먼 친척이 가까운 이웃만 못하다.　　远亲不如近邻。Yuǎnqīn bùrú jìnlín.

이번 과에 '不比'가 나와서 당연히 'A+比+B'의 부정형이구나 싶었는데, 선생님께서 다른 뜻이 있다고 설명해 주셨어. 'A+不比+B'는 'A는 B보다 ~하지는 않다' 혹은 'A는 B와 비슷하게 ~하다'라는 두 가지 뜻을 모두 갖고 있대. 헷갈리기 쉬우니 잘 기억해 두어야겠어! 그럼 예문을 한번 볼까?

그는 나와 키가 비슷해. 　　他不比我高。Tā bù bǐ wǒ gāo.

이때 둘은 키가 비슷하거나 내가 살짝 더 클 수 있어.

눈밭에 서 있는 여자친구가 백설 공주처럼 예뻐 보일 땐? 바로 오늘 배운 'A+像+B一样+형용사' 형식을 쓰면 오케이! 그럼 중국어로 말해 볼까?

너 백설 공주처럼 예쁘다!　　你像白雪公主一样漂亮! Nǐ xiàng Báixuě gōngzhǔ yíyàng piàoliang!

어떤 상황이나 상태가 시간이 갈수록 변화한다면? '越来越……' 형식을 쓸 수 있어. 그러니까 '날씨가 갈수록 추워진다.'고 하려면 '天气越来越冷了。Tiānqì yuèláiyuè lěng le.'라고 하면 되는 거지.
이 구문에는 어기조사 '了'가 자주 동반된다는 것도 꼭 알아두자고!

마지막으로 '只要……, 就……' 구문으로 문장을 만들어 보면서 복습을 마무리해 볼까?

노력하기만 하면 성공할 수 있어!　　只要努力，就能成功! Zhǐyào nǔlì, jiù néng chénggōng!

즉문즉답

Q 선생님, 비교문에 나오는 '没有'와 '不如'가 너무 헷갈려요!

A 네. 다시 한번 정리해 봅시다.

지난 과에서 배운 'A没有B' 구문은 'A는 B의 기준에 못 미치다'라는 뜻을 나타내고, 'A不如B' 구문은 'A는 B만 못하다'라는 열등의 뜻을 나타내지요. 이때 'A没有B' 구문에는 뒤에 형용사가 반드시 와야 하지만, 'A不如B' 구문에서는 형용사의 생략이 가능합니다. 그럼 예문을 살펴볼까요?

我没有他那么聪明。Wǒ méiyǒu tā nàme cōngmíng. 나는 그 애만큼 그렇게 똑똑하지 않아.
我不如他。Wǒ bùrú tā. 나는 그 애만 못해.

차근차근 실력 확인

1 잘 듣고 녹음 내용과 일치하는 그림을 골라 보세요. 🎧 05-05

① (　　　)　② (　　　)　③ (　　　)　④ (　　　)

a

b

c

d

2 아래의 보기에서 알맞은 단어를 골라 문장을 완성해 보세요.

| 보기 |　　照相　　像　　不如　　越来越　　只要

① 巴西队踢得_____德国队好。

② _____你按时吃药，就会好起来的。

③ 冬天了，天气_____冷了。

④ 你站在那儿吧，我给你_____。

⑤ 你_____白雪公主一样漂亮。

3 대화가 완성될 수 있도록 문장을 알맞게 연결해 보세요.

❶ 昨天哪个队赢了？
Zuótiān nǎge duì yíng le?

❷ 这种药好苦啊！
Zhè zhǒng yào hǎo kǔ a!

❸ 哎呀！冻死我了！
Āiyā! Dòng sǐ wǒ le!

❹ 你看，下雪了！
Nǐ kàn, xià xuě le!

A 哇！下初雪了！
Wā! Xià chūxuě le!

B 要是冬天不冷就好了。
Yàoshi dōngtiān bù lěng jiù hǎo le.

C 巴西队得了冠军。
Bāxī duì déle guànjūn.

D 良药苦口嘛。
Liángyào kǔkǒu ma.

4 주어진 단어를 어순에 맞게 배열하고, 문장 전체를 해석해 보세요.

❶ 不如　坐　骑　快　自行车　车

문장 : _____。

뜻 : _____.

❷ 努力　就　只要　成功　能

문장 : _____。

뜻 : _____.

❸ 月底　越　到　忙　我　越

문장 : _____。

뜻 : _____.

❹ 我女儿　聪明　像　这么　我

문장 : _____。

뜻 : _____.

발음·성조 클리닉

시 한 편을 읽으며 발음과 성조를 연습해 보세요. 🎧 05-06

《去爱吧，像不曾受过一次伤一样》
Qù ài ba, xiàng bùcéng shòuguo yí cì shāng yíyàng

艾佛烈德·德索萨
Àifólièdé Désuǒsà
(Alfred D'Souza)

跳舞吧，像没有人欣赏一样。
Tiàowǔ ba, xiàng méiyǒu rén xīnshǎng yíyàng.

去爱吧，像不曾受过一次伤一样。
Qù ài ba, xiàng bùcéng shòuguo yí cì shāng yíyàng.

唱歌吧，像没有任何人聆听一样。
Chànggē ba, xiàng méiyǒu rènhé rén língtīng yíyàng.

干活吧，像不需要钱一样。
Gànhuó ba, xiàng bù xūyào qián yíyàng.

生活吧，像今天是末日一样。
Shēnghuó ba, xiàng jīntiān shì mòrì yíyàng.

춤추라, 아무도 바라보고 있지 않은 것처럼.
사랑하라, 한 번도 상처 받지 않은 것처럼.
노래하라, 아무도 듣고 있지 않은 것처럼.
일하라, 돈이 필요하지 않은 것처럼.
살아라, 오늘이 마지막 날인 것처럼.

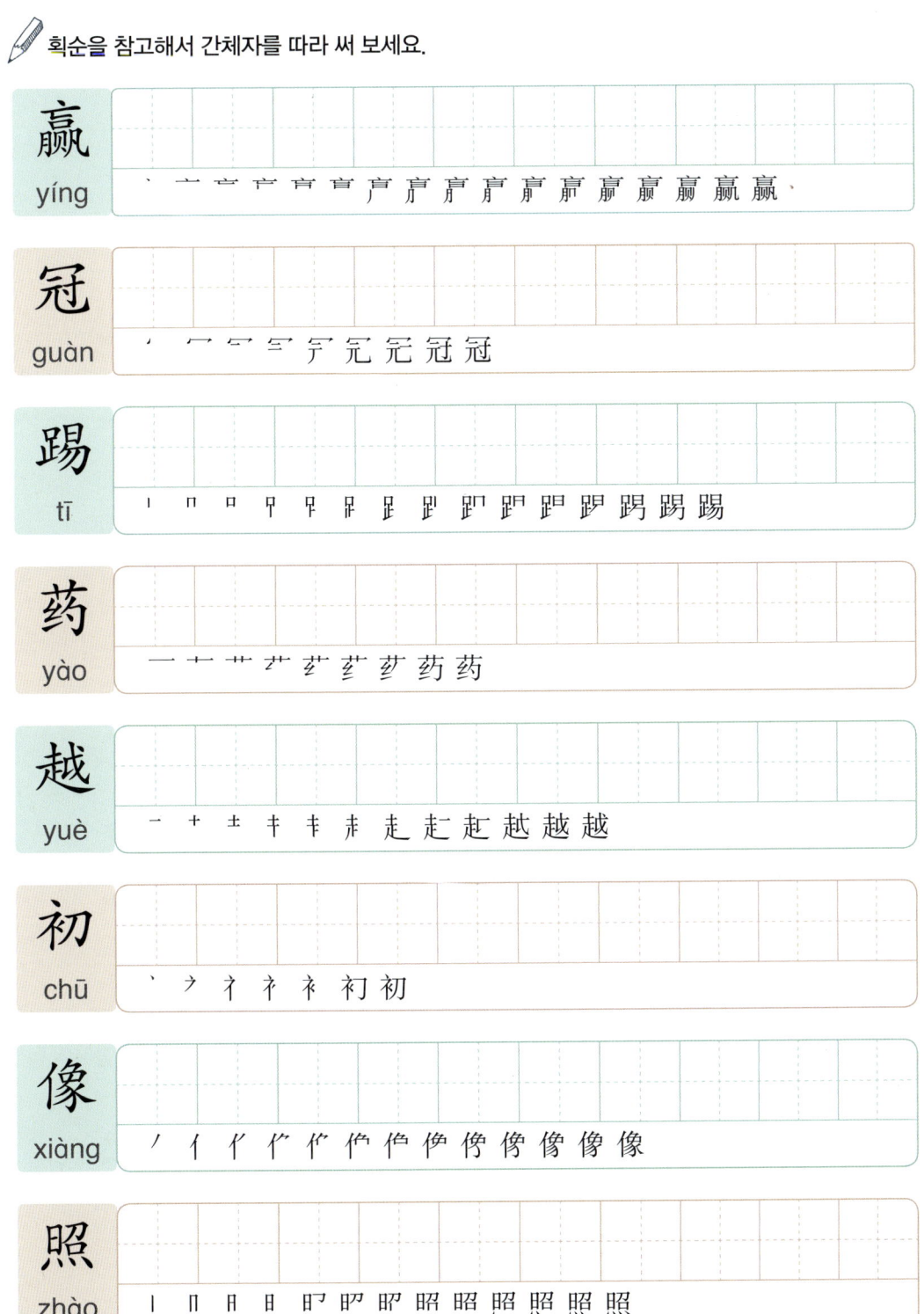

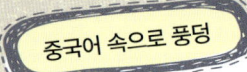

중국에 가면 무조건 중국어가 된다?

중국어를 공부하는 학생들이라면 누구나 한 번쯤 이런 생각을 해 봤을 것이다.
'중국에만 가면 중국어를 정말 잘할 수 있을 텐데······'
'중국에만 가면 중국어가 금방 늘 텐데······'
필자 역시 그렇게 생각하는 사람 중의 하나였다. 일단 중국에만 가면 입이 트이고 중국어 실력이 하늘로 쏘아 올린 로켓처럼 쭉쭉 뻗어 올라갈 줄 알았다.

그러다 중국에 갔는데 이게 웬일? 중국에 가고 보니 막상 중국어를 쓸 일이 별로 없는 게 아니겠는가! 그렇다면 중국에서 한국어가 통하기라도 한다는 말씀? 딩~ 동~ 댕! 중국에 가서도 한국인 친구들과 어울리다 보면 중국어를 쓰지 않고도 즐겁게 생활할 수 있으니까!

처음 중국에 가면 주위 환경이 낯설어 한국 친구들과 함께 다니게 되는데, 그러다 보니 친해지고 나중엔 끈끈한 정이 생겨 떨어질 수 없게 되니 중국에 오래 머문다 해도 중국어 실력은 항상 제자리일 수밖에 없다. 요새는 중국에 체류하는 한국인이 워낙 많아서 어디를 가도 한국인을 만나는 것이 그리 어렵지 않으니, 중국어를 쓰고자 하는 마음을 단단히 먹고 있지 않으면 한국에서 중국어를 공부하는 것과 별반 다를 게 없다.

그렇다고 필자가 중국으로의 어학 연수나 유학을 무작정 반대만 하는 것은 아니다. 중국에 직접 가서 중국어를 익히고 여행도 하고 다양한 모습의 중국인도 만나며 중국 문화를 피부로 느껴 보는 것은 분명히 좋은 기회가 될 것이다. 다만 그저 중국에 간다고 해서 중국어가 하루 아침에 다 될 것이란 환상은 일찌감치 버리자는 것이다. 앞서 이야기했듯이 바짝 긴장하고 가지 않으면 금세 3개월 지나고 6개월이 지나 1년이란 긴 시간도 훌쩍 지나가 버린다. 그러니 웬만큼 열심히 하지 않고는 중국에 가서 칼 한번 뽑아 보지도 못하고 아쉬움의 눈물만 뚝뚝 흘리며 돌아올 수도 있다는 것을 명심하자.

만약 여러분에게 중국에 가서 공부할 기회가 주어진다면, 미리 한국인 선생님에게 발음, 성조, 기초 어법을 충분히 배우고 갈 것을 권하고 싶다. 특히 중국어 어법의 경우, 한국인 선생님들께서 한국인 학습자에 딱 맞는 교육법을 알고 계시기 때문에 중국어 기초 실력을 닦는 데 큰 도움이 된다.

가끔 보면 '난 중국에 가더라도 한국인 없는 곳으로 가야지!'라고 말씀하시는 분들이 계신데, 현실성 없는 생각일랑 처음부터 접고 '난 어디에 가더라도 정말 열심히 할 거야!'라는 다짐으로 눈 딱 감고 중국어 책을 펼쳐 드는 독기를 뿜어내면 좋을 것 같다.

단어 실력 점프

1 주어진 뜻에 해당하는 단어를 한자로 써 보세요.

① ___ ___ 부럽다

② ___ 밝다

③ ___ ___ 유학하다

④ ___ ___ 커피

⑤ ___ ___ 택시를 타다

⑥ ___ 눕다

⑦ ___ ___ ___ 운동화

⑧ ___ ___ 살을 빼다

⑨ ___ ___ 설마 ~이겠는가

⑩ ___ ___ (맛이) 쓰다

⑪ ___ ___ ___ ___ 연상연하 커플

⑫ ___ ___ 마치

2 알맞은 단어를 골라 빈칸에 써서 문장을 완성해 보세요.

> 请　　比　　不如　　着　　如果　　跟　　越来越

① 今天我_____你们吃晚饭。

② 冬天了，天气_____冷了。

③ 房间的灯还亮_____，她还没睡呢?

④ 我_____上个月减轻了六斤。

⑤ _____不堵车，只需要七八分钟。

⑥ 你的运动鞋_____我一样。

⑦ 巴西队踢得_____德国队好。

1. 그림을 참고하여 빈칸에 과일과 관련된 단어를 써 보세요.

2. 주어진 단어를 보고 한어병음을 알맞게 써 보세요.

① 突然 _____   ② 打工 _____   ③ 初雪 _____

④ 毕业 _____   ⑤ 照相 _____   ⑥ 永远 _____

⑦ 香 _____   ⑧ 打扮 _____   ⑨ 夸张 _____

⑩ 瘦 _____   ⑪ 房间 _____   ⑫ 薪水 _____

⑬ 冻 _____   ⑭ 体贴 _____   ⑮ 翅膀 _____

06 복습   77

실력 테스트

1-5 잘 듣고 그림과 녹음 내용이 일치하면 O표, 일치하지 않으면 X표를 해 보세요. 🔊 06-01

1  (　　)

2  (　　)

3  (　　)

4  (　　)

5  (　　)

6 다음 밑줄 친 부분에 들어갈 말로 알맞은 것을 고르세요.

> 我们＿＿就不客气了。

① 又　　② 都
③ 还　　④ 可

7 다음 밑줄 친 '有' 중에서 비교의 의미를 나타내는 것을 고르세요.

① 我<u>有</u>很多书。
② 我<u>有</u>话想跟你说。
③ 我男朋友<u>有</u>你这么高。
④ 我家后边<u>有</u>一家医院。

8 다음 밑줄 친 부분에 들어갈 말로 알맞은 것을 고르세요.

> 我＿＿＿＿＿＿＿。

① 吃午饭想请他。
② 请想他吃午饭。
③ 请他想吃午饭。
④ 想请他吃午饭。

9 다음 밑줄 친 부분에 들어갈 말로 알맞은 것을 고르세요.

> A 她还没睡吗?
> B 她最近在没日没夜＿＿写论文。

① 的　　② 得
③ 地　　④ 着

10 다음 중 밑줄 친 '突然'이 나머지와 다른 용법으로 쓰인 것을 고르세요.

① 昨天他来得太突然了。
② 天气突然变冷了。
③ 我突然想起来了。
④ 门突然开了。

11 다음 밑줄 친 부분에 공통으로 들어갈 말로 알맞은 것을 고르세요.

走＿＿去有点儿远。
我坐＿＿看书就腰疼。

① 了　　　　② 着
③ 过　　　　④ 的

12 다음 중 '让'이 들어가야 할 위치로 알맞은 것을 고르세요.

① 爸爸 ② 不 ③ 我 ④ 出去玩儿。

13 다음 중 예문의 해석이 잘못된 것은?

① 外边下着雨。
　　밖에 비가 내리고 있어요.
② 天都黑了，你想去哪儿?
　　날도 어두워졌는데 너 어디 가려고?
③ 我还是喝绿茶吧。
　　나는 그냥 녹차 마실게.
④ 我女儿像我这么聪明。
　　우리 딸은 나보다 더 똑똑해요.

14 다음 밑줄 친 부분에 들어갈 말로 알맞은 것을 고르세요.

他＿＿＿我带来一本词典。

① 可　　　　② 叫
③ 有　　　　④ 没有

15 다음 밑줄 친 부분에 '有点儿'과 '(一)点儿'을 알맞게 넣어 문장을 완성해보세요.

(1) 今天＿＿＿＿＿都不冷。
(2) 你今天漂漂亮亮的，我＿＿＿＿＿晕。
(3) 你也吃＿＿＿＿＿面条吧。

16 다음 중 비교문이 아닌 문장은?

① 我比你大三岁。
② 我的包跟你一样。
③ 我没有时间跟你玩儿。
④ 我跑得不如你快。

17 다음 밑줄 친 부분에 들어갈 말로 알맞은 것을 고르세요.

我觉得这件衣服比那件＿＿＿＿好看。

① 更　　　　② 很
③ 非常　　　④ 真

18 다음 대화 내용과 일치하는 것을 고르세요.

> A 这次考试你考得怎么样?
> B 我的成绩没有你那么好。

① B는 A보다 시험을 잘 봤다.
② B의 성적은 A와 비슷하다.
③ B는 A보다 시험을 못봤다.
④ B의 성적은 A와 같다.

19 다음 중 겸어문이 아닌 문장은?
① 你要我怎么办?
② 我要走回家。
③ 妈妈叫你回家吃饭。
④ 爸爸不让我出去。

20 다음 중 가설의 뜻이 없는 문장은?
① 如果打的去，需要七八分钟。
② 你不去的话，我也不去了。
③ 要是明天天气好，我们就出去玩儿。
④ 今天风很大，可不太冷。

21-24 주어진 단어를 어순에 맞게 배열해 보세요.

21 我　吃　你们　请　晚饭

　　　　　　　　　　　　　　　。

22 有点儿　走着　远　去

　　　　　　　　　　　　　　　。

23 成功　就　努力　能　只要

　　　　　　　　　　　　　　　。

24 像　你　好看　一样　花

　　　　　　　　　　　　　　　。

25-28 괄호 안에 제시된 표현을 사용해 작문해 보세요.

25 우리 아빠가 해외 유학을 못 가게 하셔.
(不让，留学)

　　　　　　　　　　　　　　　。

26 오늘은 어제만큼 그렇게 더워. (有，那么)

　　　　　　　　　　　　　　　。

27 남동생은 누워서 책 보는 것을 좋아해.
(喜欢，着)

　　　　　　　　　　　　　　　。

28 나는 남자친구보다 세 살 많아. (比)

　　　　　　　　　　　　　　　。

대화문 완성

1-6 그림의 상황을 참고하여 어울리는 대화를 완성해 보세요.

1.

A 今天热得真_____人受不了。
B 来，喝_____水。

2.

A 松怡房间的灯还亮_____，她还没睡呢？
B 她最近在没日没夜_____写论文。

3.

A 你_____躺着看书，累不累？
B 我_____都不累。

4.

A 你的运动鞋_____我_____。
B 我们的运动鞋真的_____。

5.

A 你男朋友_____你大几岁？
B 他_____我大，他_____我小两岁。

6.

A 我的感冒会好起来吗？
B _____按时吃药，_____会。

童话 Tónghuà

光亮 Guāng Liàng

忘了有多久再没听到你，对我说你最爱的故事
Wàngle yǒu duō jiǔ zài méi tīngdào nǐ, duì wǒ shuō nǐ zuì ài de gùshi

我想了很久我开始慌了，是不是我又做错了什么
Wǒ xiǎngle hěn jiǔ wǒ kāishǐ huāng le, shì bu shì wǒ yòu zuòcuòle shénme

你哭着对我说童话里都是骗人的，我不可能是你的王子
Nǐ kūzhe duì wǒ shuō tónghuà li dōu shì piàn rén de, wǒ bù kěnéng shì nǐ de wángzǐ

也许你不会懂，从你说爱我以后，我的天空星星都亮了
Yěxǔ nǐ bú huì dǒng, cóng nǐ shuō ài wǒ yǐhòu, wǒ de tiānkōng xīngxing dōu liàng le

我愿变成童话里你爱的那个天使
Wǒ yuàn biànchéng tónghuà li nǐ ài de nàge tiānshǐ

张开双手，变成翅膀守护你
Zhāngkāi shuāng shǒu, biànchéng chìbǎng shǒuhù nǐ

你要相信，相信我们会像童话故事里幸福和快乐是结局
Nǐ yào xiāngxìn, xiāngxìn wǒmen huì xiàng tónghuà gùshi li xìngfú hé kuàilè shì jiéjú

一起写我们的结局
Yìqǐ xiě wǒmen de jiéjú

얼마나 오랫동안 못 들었는지. 네가 가장 좋아하는 이야기라 했던 것을.
한참을 생각하다 아차 싶었어. 내가 또 뭘 잘못한 건 아닌지.
넌 울면서 그랬지. 동화 속 이야기는 다 거짓말이고 난 너의 왕자님이 될 수 없다고.
아마 넌 모를 거야. 네가 사랑을 고백한 후, 나의 하늘과 별들이 모두 반짝이기 시작했음을.
난 동화 속 네가 사랑한 천사가 되어
두 팔 벌려 날개가 되어 너를 지켜주고 싶어.
우리는 동화처럼 행복하고 즐거운 엔딩을 맞을 수 있을 거라 믿어줘.
우리 같이 해피엔딩을 만들어가자.

07

我想把这个给你。
Wǒ xiǎng bǎ zhège gěi nǐ.

이걸 너에게 주고 싶어.

학습 포인트
- '把'자문의 용법 익히기
- '差不多' 활용하기

나의 회화 수첩

 상황 ❶ 로마행 항공권이 생긴다면? 🔊 07-01

民俊 　我想把这个给你，你快打开看看。
　　　Wǒ xiǎng bǎ zhège gěi nǐ, nǐ kuài dǎkāi kànkan.

松怡 　咦！去意大利的机票？
　　　Yí! Qù Yìdàlì de jī piào?

民俊 　松怡，我们一起去意大利，好吗？
　　　Sōngyí, wǒmen yìqǐ qù Yìdàlì, hǎo ma?

松怡 　你先别着急，让我想想吧。
　　　Nǐ xiān bié zháojí, ràng wǒ xiǎngxiang ba.

把 bǎ 개 ~를 [처리 대상을 나타냄] | 打开 dǎkāi 동 열다 | 机票 jī piào 비행기 표 | 别 bié 부 ~하지 마라 ▶不要 búyào ~하지 마라 | 着急 zháojí 형 조급해하다

 상황 ❷ 집 단장을 합시다 🔊 07-02

张金喜 　你把墙上的油画摘下来，换上世界地图吧。
　　　　Nǐ bǎ qiáng shang de yóuhuà zhāi xiàlai, huànshang shìjiè dìtú ba.

金泰山 　新买的沙发放在哪儿？
　　　　Xīn mǎi de shāfā fàngzài nǎr?

张金喜 　把它搬到这里来。
　　　　Bǎ tā bāndào zhèli lai.

金泰山 　电脑呢？把它放在松怡房间里吗？
　　　　Diànnǎo ne? Bǎ tā fàngzài Sōngyí fángjiān li ma?

张金喜 　对。这样就差不多了。
　　　　Duì. Zhèyàng jiù chàbuduō le.

墙 qiáng 명 벽 | 油画 yóuhuà 명 유화 | 摘 zhāi 동 떼어내다 | 世界地图 shìjiè dìtú 명 세계 지도 | 新 xīn 형 새롭다 | 沙发 shāfā 명 소파 | 放 fàng 동 놓다 | 搬 bān 동 옮기다 | 电脑 diànnǎo 명 컴퓨터 | 差不多 chàbuduō 형 비슷하다, 그런대로 괜찮다 부 거의, 대체로

 사장님의 일상 엿보기 07-03

金泰山 你把这些资料翻译成中文，好吗？
Nǐ bǎ zhèxiē zīliào fānyì chéng Zhōngwén, hǎo ma?

王秘书 好的。
Hǎo de.

金泰山 翻译好了再打印一下，六份。
Fānyì hǎo le zài dǎyìn yíxià, liù fèn.

王秘书 好的。对了，韩书记来过电话。
Hǎo de. Duì le, Hán shūjì láiguo diànhuà.

金泰山 他说什么了吗？
Tā shuō shénme le ma?

王秘书 他说他已经把合同发给你了。
Tā shuō tā yǐjīng bǎ hétong fāgěi nǐ le.

金泰山 哦，这是好消息！
Ò, zhè shì hǎo xiāoxi!

王秘书 还有，韩书记让你给他回电话。
Háiyǒu, Hán shūjì ràng nǐ gěi tā huí diànhuà.

金泰山 知道了，你去忙吧。
Zhīdào le, nǐ qù máng ba.

资料 zīliào 명 자료 | 翻译 fānyì 동 번역하다 | 成 chéng 동 ~이 되다, ~으로 변하다 | 打印 dǎyìn 동 인쇄하다 | 份 fèn 양 부, 세트 [신문, 문서 등을 세는 단위] | 韩 Hán 명 한 [성씨] | 书记 shūjì 명 서기 [중국 공산당이나 청년당 등 각급 조직의 책임자를 이르는 말] | 合同 hétong 명 계약서 | 发 fā 동 발송하다, 보내다 | 哦 ò 감 [놀람을 나타냄] | 消息 xiāoxi 명 소식 | 忙 máng 동 (어떤 일을) 바쁘게 하다

어법 노하우 대 공개

'把' 자문

'把'자문은 특정한 사람이나 사물에 대해 어떤 조치를 취하고 그로 인해 나타난 결과를 표현하는 문형이다. 개사 '把' 뒤에 목적어를 두고 동사 뒤에 반드시 기타성분을 동반한다.

주어	+	把	+	목적어	+	동사	+	기타성분
我 Wǒ		把 bǎ		书 shū		放 fàng		在书包里了。 zài shūbāo li le.

나는 책을 가방에 넣었어요.

① 기본 문형

[주어+把+목적어+동사+了/着]

기타성분으로 '了'를 쓰면 동작의 완료를 나타내고, '着'를 쓰면 가벼운 명령을 나타낸다. 동태조사 '过'는 기타성분으로 쓸 수 없다.

我把火车票买了。
Wǒ bǎ huǒchē piào mǎi le.
나는 기차표를 샀어요.

你把伞带着。
Nǐ bǎ sǎn dàizhe.
너 우산 챙겨.

[주어+把+목적어+동사+보어]

결과보어, 방향보어, 정도보어, 동량보어가 기타성분으로 올 수 있으며, 가능보어는 기타성분으로 쓸 수 없음에 주의한다.

我把作业做完了。 (결과보어)
Wǒ bǎ zuòyè zuòwán le.
나는 숙제를 다 했어요.

我把汉语书带来了。 (방향보어)
Wǒ bǎ Hànyǔ shū dàilai le.
나는 중국어 책을 가져왔어요.

她把衣服洗得干干净净的。 (정도보어)
Tā bǎ yīfu xǐ de gānganjìngjìng de.
그녀는 옷을 깨끗이 빨았어요.

你们把行李收拾一下吧。 (동량보어)
Nǐmen bǎ xíngli shōushi yíxià ba.
너희들 짐 좀 정리하렴.

[주어+把+목적어1+동사+목적어2]

你把他的消息告诉我。 그의 소식을 나에게 알려줘.
Nǐ bǎ tā de xiāoxi gàosu wǒ.

[주어+把+목적어+동사의 중첩]

大家把这个问题研究研究。 여러분이 이 문제를 연구해 보세요.
Dàjiā bǎ zhège wèntí yánjiū yánjiū.

② 부정형

'把'자문의 부정형을 만들 때는 '把' 앞에 '没(有)'를 놓는다.

她没把合同带来。
Tā méi bǎ hétong dàilai.
그녀는 계약서를 가져오지 않았어요.

爸爸没把话说完。
Bàba méi bǎ huà shuōwán.
아빠는 말을 다 끝내지 않으셨어요.

③ 용법의 특징

'把'자문의 주어는 동작의 주체이다.

他把你的书拿走了。
Tā bǎ nǐ de shū názǒu le.
그가 네 책을 가져갔어.

风把纸刮下来了。
Fēng bǎ zhǐ guā xiàlai le.
바람이 종이를 날려 버렸어.

'把'자문의 목적어는 화자나 청자가 모두 알고 있는 특정하고 확실한 것이어야 한다.

我把一块蛋糕吃了。(X)　→　我把你买的蛋糕吃了。(O)
Wǒ bǎ yí kuài dàngāo chī le.　　　Wǒ bǎ nǐ mǎi de dàngāo chī le.
　　　　　　　　　　　　　　　　나는 네가 산 케이크를 먹었어.

'在', '到', '给', '成'이 결과보어로 쓰일 경우, 반드시 '把'자문의 형식으로 써야 한다.

你把电脑放在这儿吧。
Nǐ bǎ diànnǎo fàngzài zhèr ba.
컴퓨터를 여기에 놓으세요.

你快把爷爷送到火车站。
Nǐ kuài bǎ yéye sòngdào huǒchēzhàn.
얼른 할아버지를 기차역에 모셔다 드려라.

我把作业交给老师了。
Wǒ bǎ zuòyè jiāogěi lǎoshī le.
나는 선생님께 숙제를 제출했어요.

她把这篇文章翻译成英文了。
Tā bǎ zhè piān wénzhāng fānyì chéng Yīngwén le.
그녀는 이 글을 영어로 번역했어요.

부사나 조동사는 일반적으로 '把'의 앞에 위치한다.

你快把毛衣穿上。
Nǐ kuài bǎ máoyī chuānshang.
너 얼른 스웨터 입어.

你可以把这些水果拿走。
Nǐ kěyǐ bǎ zhèxiē shuǐguǒ názǒu.
너는 이 과일들을 가져가도 돼.

差不多

'差不多'는 '정도, 시간, 수량 등이 큰 차이 없이 거의 비슷하다'라는 뜻으로, 회화에서 많이 사용된다.

同学们差不多都到了。
Tóngxuémen chàbuduō dōu dào le.
학우들이 거의 다 도착했어요.

他来这儿差不多两年了。
Tā lái zhèr chàbuduō liǎng nián le.
그는 여기에 온 지 2년이 되어 가요.

대답할 때 단독으로 사용할 수도 있다.

A 报告写完了吗?
　Bàogào xiěwán le ma?
　보고서 다 썼니?

B 差不多了。
　Chàbuduō le.
　거의 다 됐어요.

새 단어

洗 xǐ 동 씻다 | 行李 xíngli 명 짐 | 收拾 shōushi 동 정리하다, 꾸리다 | 纸 zhǐ 명 종이 | 刮 guā 동 (바람이) 불다 | 交 jiāo 동 제출하다, 건네다 | 篇 piān 양 편, 장 [문장, 종이 등을 세는 단위] | 文章 wénzhāng 명 한 편의 글 | 英文 Yīngwén 명 영어 | 毛衣 máoyī 명 스웨터

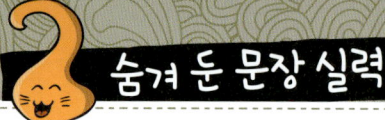
숨겨 둔 문장 실력

▶ 바꿔서 말해 보고, 이를 활용해 대화를 나눠 보세요.   🎧 07-04

하나 我想把这个给你。
　　　　这些资料
　　　　这件礼物
　　　　这笔钱

> 실력 up!
> A 我想把这个给你。
> B 哦，谢谢！

这些资料 zhèxiē zīliào 이 자료들 | 这件礼物 zhè jiàn lǐwù 이 선물 | 这笔钱 zhè bǐ qián 이 돈

둘 你把它搬到这里来。
　　　　床　　　屋里
　　　　桌子　　里边
　　　　衣柜　　外边

> 실력 up!
> A 我把它放在哪儿？
> B 你把它搬到这里来。

床 chuáng 침대 | 屋里 wū li 방 안 | 桌子 zhuōzi 책상 | 里边 lǐbian 안쪽 | 衣柜 yīguì 옷장 |
外边 wàibian 밖

셋 韩书记让你给他回电话。
　　　　金总　　　回信
　　　　你爸爸　　发短信
　　　　你朋友　　还书

> 실력 up!
> A 韩书记让你给他回电话。
> B 知道了。

金总 Jīn zǒng 김 사장님 | 回信 huíxìn 회신하다 | 发短信 fā duǎnxìn 문자를 보내다 |
还书 huán shū 책을 돌려주다

단어 플러스

다양한 그림의 종류

绘画 huìhuà 회화 | 人物画 rénwùhuà 인물화 | 山水画 shānshuǐhuà 산수화 | 花鸟画 huāniǎohuà 화조화 |
风景画 fēngjǐnghuà 풍경화 | 工笔画 gōngbǐhuà 세밀화, 공필화 | 佛画 fóhuà 탱화 | 版画 bǎnhuà 판화 | 油画 yóuhuà 유화

나만의 복습 다이어리

오늘은 '把'자문을 배웠어.
'把'자문은 주어가 목적어에게 어떤 동작을 취한 후 그 결과가 어떻게 나타났는지를 표현하는 문형이야. 원래 중국어에서는 기본적으로 목적어가 동사 뒤에 따라 오잖아~ 그런데 '把'자문에서는 목적어가 '把'와 함께 동사 앞으로 이동해. 그러니까 우리말의 어순과 비슷해지는 거지.
'把'자문을 쓸 때 가장 중요한 것은 목적어가 구체적이고 확실해야 한다는 것과 동사 뒤에 기타성분이 반드시 들어가야 한다는 거야. 예를 들어 볼까?

내가 이걸 너에게 줄게. 　　我把这个给你。 Wǒ bǎ zhège gěi nǐ.

여기서 만약 '我把一个给你。'라고 하면 될까, 안될까? 정답은~ 땡! 목적어를 '一个'라고만 하면 어떤 것을 가리키는지 확실하지 않기 때문에 쓸 수 없어. 또 만약 '我把这个给。'라고만 하면? 역시 땡! 동사 뒤에는 반드시 기타성분이 와야 해. 이 문장에서는 목적어 '你'가 기타성분이 되겠네.

동사 뒤의 기타성분으로는 조사 '了', '着', 보어, 목적어, 동사의 중첩형 등이 올 수 있는데, 동태조사 '过'와 가능보어는 기타성분으로 올 수 없으니 잘 기억해 두자고. 그리고 또 중요한 것! 동사 뒤에 결과보어로 '在', '给', '到', '成'을 쓸 때는 반드시 '把'자문으로 표현해야 한대. 이런 건 시험에도 잘 나올 테니까 별표 다섯 개! ✯✯✯✯✯ 이쯤에서 예문을 한번 만들어 봐야겠지?

컴퓨터를 여기에 놓으렴. 　　把电脑放在这儿吧。 Bǎ diànnǎo fàngzài zhèr ba.

'差不多 chàbuduō'는 회화에서 정말 많이 쓰는 표현이라는데, '거의 비슷하다', '거의 되어가다'라는 뜻으로 해석된대. '差不多'는 대답이 궁할 때 딱 쓰기 좋겠어.
앗, 선생님이 복습 다 했느냐고 물으시네……

거의 다 됐어요! 　　差不多了！ Chàbuduō le!

즉문즉답

Q 선생님, '把'자문에 가능보어를 쓰면 안되나요?

A 네, '把'자문에는 가능보어를 쓸 수 없습니다.

'把'자문은 쉽게 말해 특정한 대상(목적어)에 대해 어떤 '처치'를 한 다음 그 '처치'의 결과가 어떠한지를 나타내는 문형이라고 할 수 있지요. 동작의 결과가 확실히 나타나야 하기 때문에 '실현 가능성'을 나타내는 가능보어는 쓸 수 없답니다.

我把那本书买得到。(X)
我把那本书买到了。 Wǒ bǎ nà běn shū mǎidào le. 나는 그 책을 샀어요.

차근차근 실력 확인

1 잘 듣고 녹음 내용과 일치하는 그림을 골라 보세요. 🎧 07-05

❶ (　　　　)　❷ (　　　　)　❸ (　　　　)　❹ (　　　　)

a

b

c

d

2 아래의 보기에서 알맞은 단어를 골라 문장을 완성해 보세요.

| 보기 |　　发　　翻译　　过　　着急　　差不多

❶ 你先别_____，让我想想吧。

❷ 韩书记来_____电话。

❸ 这样就_____了。

❹ 你把这些资料_____成中文，好吗?

❺ 他已经把合同_____给你了。

3 대화가 완성될 수 있도록 문장을 알맞게 연결해 보세요.

① 我想把这个给你。
Wǒ xiǎng bǎ zhège gěi nǐ.

② 电脑呢?
Diànnǎo ne?

③ 我们一起去意大利, 好吗?
Wǒmen yìqǐ qù Yìdàlì, hǎo ma?

④ 韩书记来过电话。
Hán shūjì láiguo diànhuà.

A 对不起, 我不能去。
Duìbuqǐ, wǒ bù néng qù.

B 他说什么了吗?
Tā shuō shénme le ma?

C 把它放在松怡房间里。
Bǎ tā fàngzài Sōngyí fángjiān li.

D 这是什么?
Zhè shì shénme?

4 주어진 단어를 어순에 맞게 배열하고, 문장 전체를 해석해 보세요.

① 来　电脑　到　你　把　搬　这里

문장 : _____。

뜻 : _____.

② 放　新　哪儿　沙发　买的　在

문장 : _____?

뜻 : _____?

③ 他　差不多　这儿　来　了　两年

문장 : _____。

뜻 : _____.

④ 可以　资料　拿走　你　把　这些

문장 : _____。

뜻 : _____.

발음·성조 클리닉

중국 드라마 속 명대사를 읽으며 발음과 성조를 연습해 보세요. 🎧 07-06

1 『사랑이 가장 아름다워 (爱情最美丽 Àiqíng zuì měilì)』

> Gēn shéi zài yìqǐ chī wǎnfàn bú zhòngyào,
> zhòngyào de shì gēn shéi zài yìqǐ chī zǎocān.

跟谁在一起吃晚饭不重要，重要的是跟谁在一起吃早餐。
누구와 저녁을 먹는지는 중요하지 않아,
중요한 것은 누구와 함께 아침을 먹느냐는 거지.

2 『그대와 춤을 (不如跳舞 Bùrú tiàowǔ)』

> Biǎomiàn de shāng róngyì hǎo, xīn li de shāngbā mǒ bu diào.

表面的伤容易好，心里的伤疤抹不掉。
보이는 상처는 쉽게 아물어도 마음 속의 흉터는 사라지지 않아.

3 『우리 결혼합시다 (咱们结婚吧 Zánmen jiéhūn ba)』

> Xìngfú bú shì nǐ děng jiù néng děnglai de,
> xìngfú shì zhuīqiú lai de.
> Hǎo nánrén hǎo nǚrén bú huì cóng tiāngshàng diào xiàlai.

幸福不是你等就能等来的，幸福是追求来的。
好男人好女人不会从天上掉下来。
행복은 기다린다고 오지 않아. 행복은 찾는 거지.
좋은 남자와 좋은 여자는 하늘에서 떨어지는 것이 아니라고.

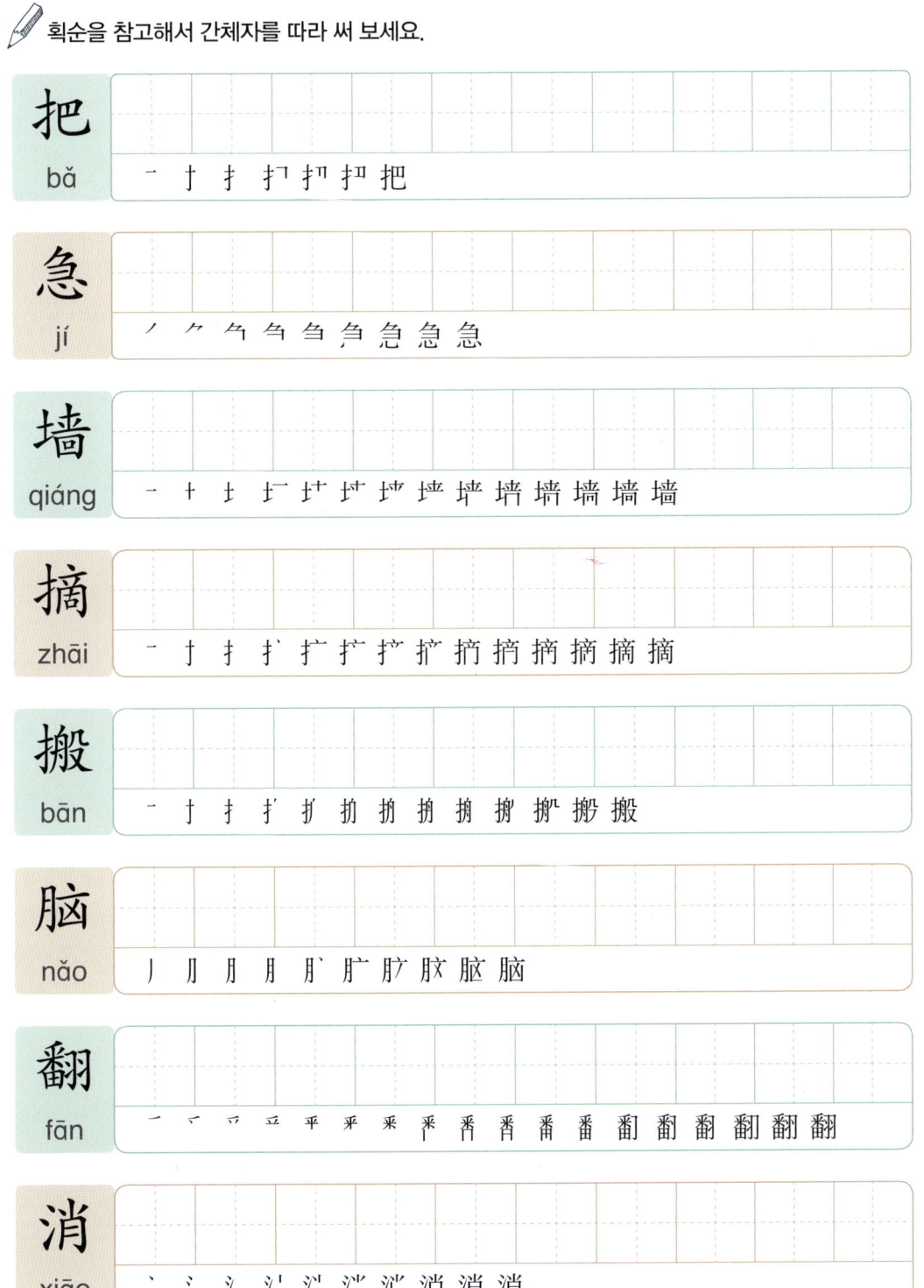

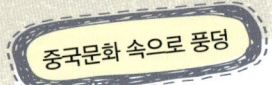

중국 요리 기행 ⑤

 광둥 요리 (粤菜 Yuècài)

광둥 요리는 광저우(广州 Guǎngzhōu), 차오저우(潮州 Cháozhōu), 둥쟝(东江 Dōngjiāng) 세 지역의 요리를 합한 요리를 일컫는다. '먹는 것은 광저우에서(食在广州 Shí zài Guǎngzhōu)'라는 말도 있듯이 광둥 지역은 예로부터 요리법이 매우 발달한 곳이다. 16세기 이후 서양과의 교류가 빈번해지면서 요리도 그 영향을 받아 일찍부터 토마토 케첩, 카레 가루 등의 서양 조미료를 사용하기 시작했다. 또한 광둥 요리는 하늘에 날아다니는 것, 땅 위에 기어다니는 것, 물 위에 떠다니는 것은 모두 식재료로 쓴다는 말이 있을 정도로 다양한 재료를 쓰는 것으로 유명하다. 해산물을 사용한 요리가 많고 재료를 센 불에 살짝 익혀 담백하고 쫄깃한 본래의 맛을 살리는 것을 중시한다.

烤乳猪 kǎorǔzhū

蚝皇凤爪 háohuángfèngzhuǎ

白灼虾 báizhuóxiā

 푸젠 요리 (闽菜 Mǐncài)

푸젠 요리는 민쟝(闽江 Mǐnjiāng) 연안에서 발달한 요리로 푸저우(福州 Fúzhōu)의 요리를 기본으로 한다. 중국의 남동부에 위치한 푸젠 성(福建省 Fújiànshěng)은 사계절 내내 따뜻한 기후로 인해 식재료가 매우 풍부하다. 식재료를 술에 넣어 재우고, 볶고, 튀기고, 약한 불에 오랫동안 고는 조리법을 많이 사용하여 깔끔하고 부드럽게 조리하고, 식초와 설탕을 사용해 새콤달콤한 맛을 낸다. 푸젠 요리에는 국물 요리가 많은데, 국물을 낼 때는 닭고기와 돼지 족발로 순하고 부드러운 맛을 낸다. 또한 '채 썰 때는 머리카락처럼, 납작 썰기는 종이같이 얇게(切丝如发、片薄如纸。Qiē sī rú fà、piàn báo rú zhǐ.)'라는 말과 같이 정교한 칼 솜씨가 요구되는 것이 특징이다.

佛跳墙 fótiàoqiáng

福建鱼丸 fújiànyúwán

醉排骨 zuìpáigǔ

08

我们是坐火车来的。
Wǒmen shì zuò huǒchē lái de.

우리는 기차를 타고 왔어요.

학습 포인트

- '是……的' 강조 구문 익히기
- '时间'과 '时候'의 차이점 알기
- '又……又……' 구문 활용하기

나의 회화 수첩

 상황 1 엄마의 첫사랑 이야기 🎧 08-01

乐 天　妈妈，你和爸爸是什么时候认识的?
　　　　Māma, nǐ hé bàba shì shénme shíhou rènshi de?

张金喜　我们是上高中的时候认识的。
　　　　Wǒmen shì shàng gāozhōng de shíhou rènshi de.

乐 天　爸爸是你的初恋吗?
　　　　Bàba shì nǐ de chūliàn ma?

张金喜　是啊。你爸爸是我的初恋。
　　　　Shì a. Nǐ bàba shì wǒ de chūliàn.

认识 rènshi 동 알다 ｜ 上 shàng 동 ~에 다니다 ｜ 初恋 chūliàn 명 첫사랑

 상황 2 내 물건에 발이 달렸나? 🎧 08-02

张金喜　老公，你的眼镜找到了。
　　　　Lǎogōng, nǐ de yǎnjìng zhǎodào le.

金泰山　你是在哪儿找到的?
　　　　Nǐ shì zài nǎr zhǎodào de?

张金喜　在椅子底下找到的。
　　　　Zài yǐzi dǐxia zhǎodào de.

金泰山　奇怪，昨天我找了半天也没找到。
　　　　Qíguài, zuótiān wǒ zhǎole bàntiān yě méi zhǎodào.

眼镜 yǎnjìng 명 안경 ｜ 椅子 yǐzi 명 의자 ｜ 底下 dǐxia 명 밑, 아래 ｜ 奇怪 qíguài 형 이상하다

 할아버지, 할머니 어서 오세요! 🎧 08-03

松怡 **爷爷、奶奶你们是怎么来的?**
Yéye, nǎinai nǐmen shì zěnme lái de?

爷爷 **我们是坐火车来的。**
Wǒmen shì zuò huǒchē lái de.

松怡 **是妈妈去接你们的吗?**
Shì māma qù jiē nǐmen de ma?

爷爷 **对，你妈妈过来接我们的。**
Duì, nǐ māma guòlai jiē wǒmen de.

松怡 **爷爷，路上辛苦吧?**
Yéye, lù shang xīnkǔ ba?

爷爷 **不辛苦。现在坐高铁又快又方便。**
Bù xīnkǔ. Xiànzài zuò gāotiě yòu kuài yòu fāngbiàn.

松怡 **爷爷，上次动过手术的右腿都好了吗?**
Yéye, shàng cì dòngguo shǒushù de yòu tuǐ dōu hǎo le ma?

爷爷 **早就好了。松怡，你弟弟去哪儿了?**
Zǎo jiù hǎo le. Sōngyí, nǐ dìdi qù nǎr le?

松怡 **他去朋友家了，一会儿就回来。**
Tā qù péngyou jiā le, yíhuìr jiù huílai.

爷爷 yéye 명 할아버지 | **奶奶** nǎinai 명 할머니 | **火车** huǒchē 명 기차 | **辛苦** xīnkǔ 형 수고하다, 고생스럽다
高铁 gāotiě 명 고속 열차 | **又……又……** yòu……yòu…… ~하면서 ~하다 | **方便** fāngbiàn 형 편리하다 | **手术**
shǒushù 명 수술 동 수술하다 ▶ **动手术** dòng shǒushù 수술하다 | **右** yòu 명 오른쪽 ↔ **左** zuǒ 왼쪽

어법 노하우 대 공개

> **'是……的' 강조 구문**

'是……的' 형식은 어떤 동작이 발생한 시간, 장소, 방식을 강조할 때 사용하는 구문으로, 강조의 내용은 '是'와 '的' 사이에 온다. '是……的' 형식은 이미 일어난 일을 강조한다.

① **강조의 내용**

- **시간**

他是昨天到的。
Tā shì zuótiān dào de.
그는 어제 도착했어요.

我是2015年毕业的。
Wǒ shì èr líng yī wǔ nián bìyè de.
나는 2015년에 졸업했어요.

- **장소**

她是从日本来的。
Tā shì cóng Rìběn lái de.
그녀는 일본에서 왔어요.

我们是在北京认识的。
Wǒmen shì zài Běijīng rènshi de.
우리는 베이징에서 알게 됐어요.

- **방식**

姑姑是坐船去的。
Gūgu shì zuò chuán qù de.
고모는 배를 타고 가셨어요.

他是用钢笔写的。
Tā shì yòng gāngbǐ xiě de.
그는 만년필로 썼어요.

② **부정형**

'是……的' 강조 구문의 부정형을 만들 때는 '是' 앞에 '不'를 놓는다.

我不是在机场买的。
Wǒ bú shì zài jīchǎng mǎi de.
나는 공항에서 사지 않았어.

他不是一个人来的。
Tā bú shì yí ge rén lái de.
그는 혼자 온 게 아니야.

③ **용법의 특징**

일반적으로 '是'는 생략하고 말할 수 있다. 단, 주어가 지시대명사 '这'나 '那'일 경우에는 생략할 수 없다.

你(是)什么时候到的?
Nǐ (shì) shénme shíhou dào de?
너 언제 도착한 거야?

那是在百货商店买的。
Nà shì zài bǎihuò shāngdiàn mǎi de.
그건 백화점에서 산 거야.

동사가 명사 목적어를 동반할 경우, '的'를 목적어의 앞에 놓을 수 있다.

我是用钢笔写的信。
Wǒ shì yòng gāngbǐ xiě de xìn.
나는 만년필로 편지를 썼어요.

你是在哪儿买的衣服?
Nǐ shì zài nǎr mǎi de yīfu?
너는 어디서 옷을 산 거야?

时间 vs 时候

'时间'은 숫자로 표현되는 구체적인 시각을 나타낸다. 또한 어떤 시각에서 어떤 시각까지의 사이를 나타내거나 '시간이 있다/없다'를 표현할 때도 사용할 수 있다.

现在北京时间七点整。
Xiànzài Běijīng shíjiān qī diǎn zhěng.
현재 베이징 시간은 7시 정각입니다.

你每天复习多长时间?
Nǐ měitiān fùxí duō cháng shíjiān?
너는 매일 몇 시간씩 복습하니?

今天我没有时间。
Jīntiān wǒ méiyǒu shíjiān.
오늘 나는 시간이 없어.

'时候'는 특정한 시각 혹은 어떤 한 단락의 시간을 나타낼 때 사용한다. 주로 '……的时候'의 형식으로 사용된다.

你走的时候跟我说一声。
Nǐ zǒu de shíhou gēn wǒ shuō yì shēng.
너 갈 때 나한테 한 마디 해줘.

那时候我还小,什么都不懂。
Nà shíhou wǒ hái xiǎo, shénme dōu bù dǒng.
그때 나는 아직 어려서 아무것도 몰랐어.

又……又……

'又……又……' 구문은 '~하면서 ~하다'라는 뜻으로, 두 가지 상태나 상황이 동시에 존재하거나 두 가지 동작이 동시에 발생함을 나타낸다.

① 두 가지 상태의 병존

这个孩子又可爱又聪明。
Zhège háizi yòu kě'ài yòu cōngmíng.
이 아이는 귀엽고 똑똑해요.

这里的东西质量又好价格又便宜。
Zhèli de dōngxi zhìliàng yòu hǎo jiàgé yòu piányi.
이곳의 물건은 품질도 좋고 가격도 저렴해요.

② 두 가지 상황의 병존

今天又刮风又下雨。
Jīntiān yòu guā fēng yòu xià yǔ.
오늘은 바람도 불고 비도 와요.

他在北京又是学生又是老师。
Tā zài Běijīng yòu shì xuésheng yòu shì lǎoshī.
그는 베이징에서 학생이면서 선생님이에요.

③ 두 가지 동작의 동시 발생

他又喝酒又吸烟。 그는 술도 마시고 담배도 피워요.
Tā yòu hē jiǔ yòu xī yān.

我们又唱歌又跳舞,玩儿得特别开心。 우리는 노래하고 춤추면서 신나게 놀았어요.
Wǒmen yòu chànggē yòu tiàowǔ, wánr de tèbié kāixīn.

새 단어

姑姑 gūgu 명 고모 | 钢笔 gāngbǐ 명 만년필 | 百货商店 bǎihuò shāngdiàn 명 백화점 | 信 xìn 명 편지 | 整 zhěng 형 정수의, 나머지가 없는 | 声 shēng 양 마디, 번 명 소리 | 质量 zhìliàng 명 품질 | 价格 jiàgé 명 가격 | 便宜 piányi 형 싸다, 저렴하다 | 吸烟 xī yān 담배를 피우다

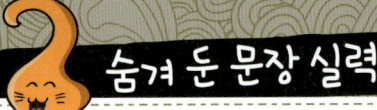
숨겨 둔 문장 실력

▶ 바꿔서 말해 보고, 이를 활용해 대화를 나눠 보세요. 🎧 08-04

하나 我们是上高中的时候认识的。
上初中
上大学
上班

> **실력 up!**
> A 你们是什么时候认识的?
> B 我们是上高中的时候认识的。

上初中 shàng chūzhōng 중학교에 다니다 | 上大学 shàng dàxué 대학교에 다니다 | 上班 shàngbān 직장에 다니다

둘 找了半天也没找到。
听   听懂
看   看完
擦   擦干净

> **실력 up!**
> A 找到了吗?
> B 找了半天也没找到。

听懂 tīngdǒng 알아 듣다 | 看完 kànwán 다 보다 | 擦 cā 닦다 | 擦干净 cā gānjìng 깨끗하게 닦다

셋 我们是坐火车来的。
飞机
高铁
游船

> **실력 up!**
> A 你们是怎么来的?
> B 我们是坐火车来的。

高铁 gāotiě 고속 열차 | 游船 yóuchuán 유람선

단어 플러스

연애와 관련된 표현

谈恋爱 tán liàn'ài 연애하다 | 情侣 qínglǚ 연인 | 初恋 chūliàn 첫사랑 | 三角恋爱 sānjiǎo liàn'ài 삼각관계 | 梦中情人 mèng zhōng qíngrén 이상형 | 白马王子 báimǎ wángzǐ 이상형의 남자 | 单相思 dānxiāngsī 짝사랑 | 姐弟恋 jiě dì liàn 연상연하 커플 | 精神恋爱 jīngshén liàn'ài 정신적 연애, 플라토닉 러브 | 一夜情 yí yè qíng 하룻밤의 짧은 사랑 | 一见钟情 yíjiànzhōngqíng 한눈에 반하다 | 情书 qíngshū 연애 편지 | 黄昏恋 huánghūnliàn 황혼 로맨스

나만의 복습 다이어리

오늘은 강조 구문 '是……的'와 친구 맺기에 도전!
'是……的' 구문은 어떤 일이 발생한 시간, 장소, 방식을 강조할 때 쓰는데, 회화에서 정말 많이 사용되는 구문이라고 선생님이 알려 주셨어. 그럼 '是……的'를 사용한 예문을 하나 만들어 볼까?

우리는 기차를 타고 왔어.   我们是坐火车来的。 Wǒmen shì zuò huǒchē lái de.

예문에서 볼 수 있듯이 강조하려는 내용을 '是'와 '的' 사이에 써 주면 OK!

보통 '是'를 생략하고 말할 수도 있는데 주어가 '这'나 '那'일 땐 '是'를 생략할 수 없다는 것에 주의해야 해. 그러니까 '그것은 의자 밑에서 찾은 거예요.'라는 문장에서 의자 밑에서 찾았다는 것을 강조할 때 '那是在椅子底下找到的。Nà shì zài yǐzi dǐxia zhǎodào de.'라고 말할 수 있는데 여기서는 '是'가 빠지면 안 된다는 말씀!

'是……的' 구문의 부정형을 만들 때는 '是' 앞에 '不'를 쓰면 돼. 예를 하나 들어 보면

우리는 고등학교 다닐 때 알게 된 것이 아니야.
我们不是上高中的时候认识的。 Wǒmen bú shì shàng gāozhōng de shíhou rènshi de.

어떤 상태나 상황, 동작이 동시에 존재하고 있다는 병렬 관계를 나타낼 때는 '又……又……' 형식을 쓸 수 있어. 이건 바로 예문을 보면서 이해하는 게 빠르겠어.

고속 열차를 타면 빠르고 편리해요.   坐高铁又快又方便。 Zuò gāotiě yòu kuài yòu fāngbiàn.

이 아이는 귀엽고 똘똘해요.   这个孩子又可爱又聪明。 Zhège háizi yòu kě'ài yòu cōngmíng.

좋았어! 오늘 복습은 여기까지~

즉문즉답

Q 선생님, '我昨天到了。'와 '我是昨天到的。'는 어떻게 다른가요?

A 일반적인 동사술어문과 동사술어문의 강조 구문이라 구분할 수 있습니다.

앞의 문장은 단순히 '나는 어제 도착했다.'라는 사실을 말하는 동사술어문이고, 뒤의 문장은 '是……的' 강조 구문이 쓰인 문장입니다. '是……的'가 딱 집어 강조하고 있는 것은 다른 날이 아닌 바로 '어제 도착했다'라는 사실이지요. 두 문장 모두 기본적으로 해석은 같지만 강조 구문을 사용하면 '어제 도착했다'라는 사실을 더 강조할 수 있습니다.

차근차근 실력 확인

1 잘 듣고 녹음 내용과 일치하는 그림을 골라 보세요. 🔊 08-05

① (　　　)　② (　　　)　③ (　　　)　④ (　　　)

a　　　　　　　　　　　　　b

c　　　　　　　　　　　　　d

2 아래의 보기에서 알맞은 단어를 골라 문장을 완성해 보세요.

| 보기 |　　动　　的时候　　方便　　初恋　　奇怪

① 你爸爸是我的_____。

② 你走_____跟我说一声。

③ _____，我找了半天也没找到。

④ 现在坐高铁又快又_____。

⑤ 上次_____过手术的右腿都好了吗?

3 대화가 완성될 수 있도록 문장을 알맞게 연결해 보세요.

❶ 你们是什么时候认识的?　　　　A 你是在哪儿找到的?
　Nǐmen shì shénme shíhou rènshi de?　　Nǐ shì zài nǎr zhǎodào de?

❷ 你们是怎么来的?　　　　　　　B 不辛苦。
　Nǐmen shì zěnme lái de?　　　　　　　Bù xīnkǔ.

❸ 你的眼镜找到了。　　　　　　　C 我们是上大学的时候认识的。
　Nǐ de yǎnjìng zhǎodào le.　　　　　　Wǒmen shì shàng dàxué de shíhou rènshi de.

❹ 爷爷，路上辛苦吧?　　　　　　　D 我们是坐火车来的。
　Yéye, lù shang xīnkǔ ba?　　　　　　Wǒmen shì zuò huǒchē lái de.

4 주어진 단어를 어순에 맞게 배열하고, 문장 전체를 해석해 보세요.

❶ 我　2016年　的　毕业　是

문장: _____。

뜻: _____.

❷ 都　那时候　懂　什么　不　我还小，

문장: _____。

뜻: _____.

❸ 一个人　不　的　他　来　是

문장: _____。

뜻: _____.

❹ 又　这个孩子　可爱　聪明　又

문장: _____。

뜻: _____.

발음·성조 클리닉

중국 문학 작품을 읽으며 발음과 성조를 연습해 보세요. 08-06

1

《뒷모습 (背影 Bèiyǐng)》   作: 朱自清 Zhū Zìqīng

Wǒ wàngzhe tā zǒu chūqu. Tā zǒule jǐ bù, huíguo tóu kànjiàn wǒ, shuō: "Jìnqu ba, lǐbian méi rén." Děng tā de bèiyǐng hùnrù láiláiwǎngwǎng de rén li, zài zhǎo bu zháo le, wǒ biàn jìnlai zuò le, wǒ de yǎnlèi yòu lái le.

我望着他走出去。他走了几步，回过头看见我，说："进去吧，里边没人。" 等他的背影混入来来往往的人里，再找不着了，我便进来坐了，我的眼泪又来了。

나는 아버지가 나가시는 모습을 바라보았다. 아버지는 몇 걸음 옮기다 내 쪽을 돌아보시며 "들어가. 안에 아무도 없는데."라고 하셨다. 아버지의 뒷모습이 인파에 섞여 보이지 않을 때까지 서 있다가 자리에 돌아와 앉으니, 또 눈물이 쏟아졌다.

2

《투명한 슬픔 (透明的哀伤 Tòumíng de āishāng)》   作: 席幕蓉 Xí Mùróng

Shēngmìng li nénggòu ràng wǒmen huānxǐ mǎnyì de shíkè shízài bù duō. Zài wǒmen yìshēng li, chángcháng yào fùchū hěn duō wúwèi de dàijià, cái nénggòu déhuí suǒ qīwàng de nà yìdiǎndiǎn kuàilè. Dànshì, yě jiù yīnwèi rúcǐ, cái shǐ wǒmen géwài gǎnjī zhēnxī.

生命里能够让我们欢喜满意的时刻实在不多。在我们一生里，常常要付出很多无谓的代价，才能够得回所期望的那一点点快乐。但是，也就因为如此，才使我们格外感激珍惜。

살면서 기쁘고 만족스러운 순간은 그리 많지 않다. 일생동안 가치 없는 대가를 무수히 치르고도, 아주 소소한 기쁨만 얻는 경우가 허다하다. 하지만 그러하기에 우리가 소중한 것에 대해 더욱 감사하게 되는 것이리라.

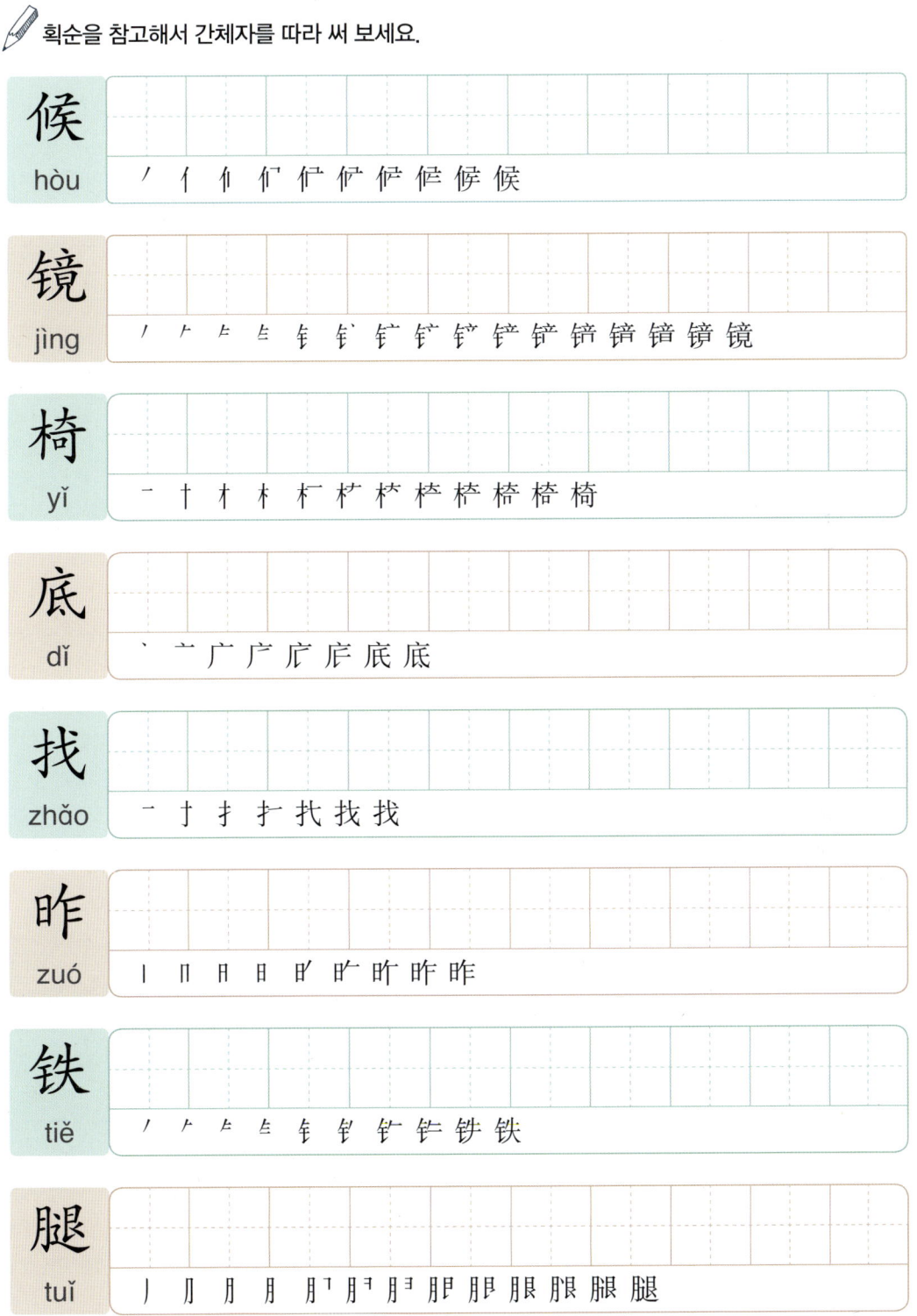

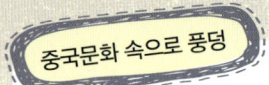

베이징에서 잠깐 쉬어 가기

중국의 수도 베이징(北京 Běijīng)은 전국(战国)시대 연(燕)나라의 수도였으며, 요(辽), 금(金), 원(元), 명(明), 청(清)나라를 거쳐 중화민국(中华民国)에 이르기까지 역사적으로 중요한 정치적 중심지였다. 1928년 국민당 정권이 들어서면서 수도가 난징(南京 Nánjīng)으로 옮겨지고 베이징은 '베이핑(北平 Běipíng)'이라는 이름으로 바뀌었다. 이후 1949년 중화인민공화국(中华人民共和国)의 수립과 함께 다시 수도로 정해지면서 베이징이라는 원래 이름을 되찾게 되었다.

중국 여행 중 베이징에 들르게 된다면 가장 먼저 만리장성(长城 Chángchéng)에 올라가 보자. 끝없이 이어진 성곽을 보고 있노라면 마오쩌둥(毛泽东 Máo Zédōng)이 남긴 '만리장성에 오르지 못하면 대장부가 아니다.(不到长城非好汉。Bú dào Chángchéng fēi hǎohàn.)'라는 명언이 떠오르며 중국인의 저력을 느낄 수 있을 것이다.

중화인민공화국의 제1대 주석인 마오쩌둥의 초상화가 걸려 있는 천안문(天安门 Tiān'ānmén)을 지나 조금 더 들어가면 명, 청 왕조의 궁궐로 사용되었던 자금성(紫禁城 Zǐjìnchéng)에 도착한다. 자금성에 들어서는 순간, 그 웅장함에 압도되어 어디선가 황제의 불호령이 들리는 것 같은 착각에 빠질지도 모른다. 자금성 안은 매우 넓고 방향 감각을 잃기 쉬워 자칫하다가 출구를 찾지 못하는 일이 생길 수 있으니 주의해야 한다. 자금성은 고궁박물관(故宫博物馆 Gùgōng bówùguǎn)으로도 불리며 일부 궁들은 중국의 예술품을 전시하는 진열실로 사용되고 있다.

중국 정원의 조형미에 관심이 있는 사람이라면 이화원(颐和园 Yíhéyuán)을 빼놓을 수 없을 것이다. 이화원은 1750년 청나라 건륭제(乾隆帝)가 황실의 여름 별궁으로 지은 후 서태후(西太后)가 1889년부터 죽을 때까지 거주했던 곳으로, 중국 정원 조경의 진수를 보여준다. 이화원 안의 궁궐, 인공 호수, 정자, 교각 등이 조화롭게 어우러진 풍경은 그야말로 한 폭의 그림 같이 아름답다.

쇼핑을 하고 싶다면 왕푸징(王府井 Wángfǔjǐng) 거리로 가 보자. 서울의 명동과 같이 번화하고, 특색있는 상점들이 많아 볼거리, 먹거리가 다양한 곳이다. 쇼핑을 마친 후, 분위기 있는 카페에서 가벼운 식사나 차 한 잔을 하고 싶다면 싼리툰(三里屯 Sānlǐtún)이나 스차하이(什刹海 Shíchàhǎi)로 걸음을 옮겨 잠시동안의 힐링 타임을 가져보도록 하자.

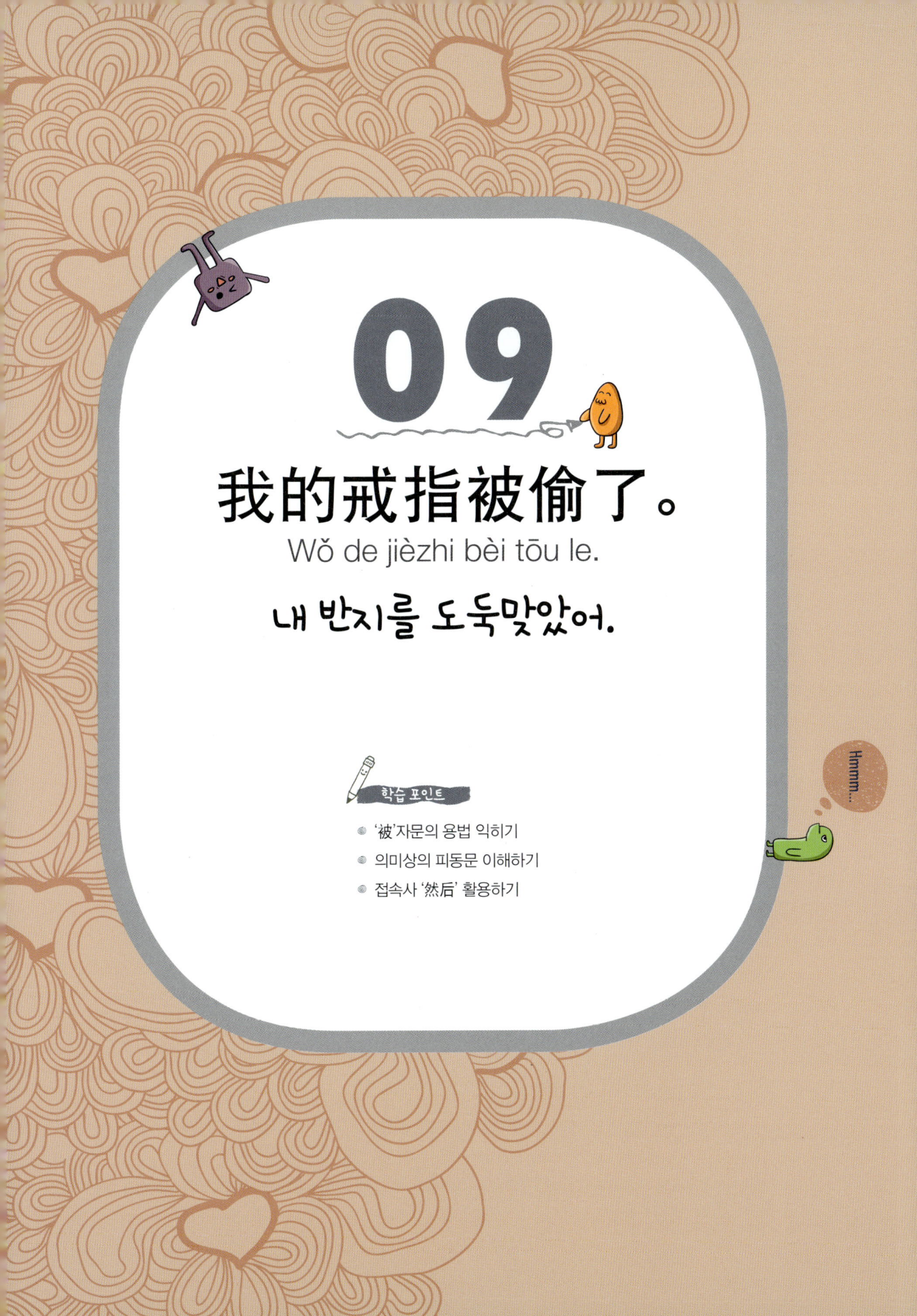

나의 회화 수첩

상황 ❶ 사라진 반지는 어디에? 🎧 09-01

珍珠　今天真倒霉。我的戒指被偷了。
　　　Jīntiān zhēn dǎoméi. Wǒ de jièzhi bèi tōu le.

松怡　什么戒指？是情侣戒指吗？
　　　Shénme jièzhi? Shì qínglǚ jièzhi ma?

珍珠　嗯，就是那个。
　　　Ǹg, jiù shì nàge.

松怡　那怎么办？
　　　Nà zěnme bàn?

珍珠　我想去查监控器。
　　　Wǒ xiǎng qù chá jiānkòngqì.

倒霉 dǎoméi 형 재수 없다, 운이 나쁘다 | **戒指** jièzhi 명 반지 | **被** bèi 개 ~에 의해 | **偷** tōu 동 훔치다 | **情侣** qínglǚ 명 연인 | **嗯** ǹg 감 응, 그래 | **办** bàn 동 하다, 처리하다 | **查** chá 동 조사하다, 찾다 | **监控器** jiānkòngqì 명 감시기, CCTV

상황 ❷ 쇼핑은 언제나 즐거워! 🎧 09-02

张金喜　矿泉水送来了吗？
　　　　Kuàngquánshuǐ sònglai le ma?

乐天　　已经送来了。
　　　　Yǐjīng sònglai le.

张金喜　泡菜冰箱呢？
　　　　Pàocài bīngxiāng ne?

乐天　　快递公司打电话说下午送货。
　　　　Kuàidì gōngsī dǎ diànhuà shuō xiàwǔ sòng huò.

矿泉水 kuàngquánshuǐ 명 생수 | **泡菜冰箱** pàocài bīngxiāng 김치 냉장고 | **快递公司** kuàidì gōngsī 명 택배회사 | **货** huò 명 물건, 화물

 취업 전쟁에서 승리하다 09-03

松怡　妈妈，我被那家公司录取了。
　　　Māma, wǒ bèi nà jiā gōngsī lùqǔ le.

张金喜　松怡，恭喜你啊！
　　　Sōngyí, gōngxǐ nǐ a!

松怡　谢谢妈妈！
　　　Xièxie māma!

张金喜　妈妈一直相信，你会被录取的。
　　　Māma yìzhí xiāngxìn, nǐ huì bèi lùqǔ de.

松怡　这次被录取的只有我一个。
　　　Zhè cì bèi lùqǔ de zhǐ yǒu wǒ yí ge.

张金喜　是吗？那你什么时候开始上班？
　　　Shì ma? Nà nǐ shénme shíhou kāishǐ shàngbān?

松怡　下个月开始，先实习三个月。
　　　Xià ge yuè kāishǐ, xiān shíxí sān ge yuè.

张金喜　然后就是正式员工了？
　　　Ránhòu jiù shì zhèngshì yuángōng le?

松怡　嗯，差不多。
　　　Ǹg, chàbuduō.

录取 lùqǔ 동 채용하다, 합격시키다 | **恭喜** gōngxǐ 동 축하하다 | **一直** yìzhí 부 계속, 줄곧 | **上班** shàngbān 동 출근하다, 직장에 다니다 | **实习** shíxí 동 실습하다 | **然后** ránhòu 접 그런 후에 | **正式** zhèngshì 형 정식의

어법 노하우 대 공개

'被' 자문

'被'자문은 피동문의 대표적인 형식으로, 특정한 사람이나 사물이 뜻하지 않거나 원치 않는 일을 당했을 때 주로 사용한다. '〜에 의해 〜되다'라는 뜻을 나타낸다.

주어	+	被	+	목적어	+	동사	+	기타성분
我 Wǒ		被 bèi		老师 lǎoshī		批评 pīpíng		了。 le.

나는 선생님께 혼났어요.

주어는 동작을 당하는 대상이고 '被' 뒤의 목적어는 주어에게 동작을 가하는 행위자이다. 동사 뒤에는 기타성분을 반드시 동반한다.

① **기본 문형**

[대상+被+행위자+동사+了/过]

기타성분으로 '了'를 쓰면 동작의 완료를 나타내고, '过'를 쓰면 과거의 경험을 나타낸다. 동태조사 '着'는 기타성분으로 쓸 수 없다.

我的咖啡被姐姐喝了。
Wǒ de kāfēi bèi jiějie hē le.
내 커피는 언니가 마셨어요.

小时候，我被妈妈打过。
Xiǎoshíhou, wǒ bèi māma dǎguo.
어렸을 때 나는 엄마한테 맞은 적이 있어.

[대상+被+행위자+동사+보어]

결과보어, 방향보어, 정도보어, 동량보어가 기타성분으로 올 수 있으며, 가능보어는 기타성분으로 쓸 수 없음에 주의한다.

房子被爸爸卖掉了。 (결과보어)
Fángzi bèi bàba màidiào le.
집은 아빠가 팔아버리셨어.

我哥哥被朋友叫出去了。 (방향보어)
Wǒ gēge bèi péngyou jiào chūqu le.
우리 오빠는 친구에게 불려 나갔어요.

教室被他们打扫得很干净。 (정도보어)
Jiàoshì bèi tāmen dǎsǎo de hěn gānjìng.
교실은 그들이 깨끗이 청소했어요.

弟弟被妈妈骂了一顿。 (동량보어)
Dìdi bèi māma màle yí dùn.
남동생은 엄마에게 한바탕 욕을 먹었어요.

② **부정형**

'被'자문의 부정형을 만들 때는 '被' 앞에 '没(有)'를 놓는다.

那本书没被小张借走。 그 책은 장 군이 빌려 가지 않았어.
Nà běn shū méi bèi Xiǎo Zhāng jièzǒu.

③ **용법의 특징**

'被'자문에 개사 '被' 대신 '叫', '让'이 쓰일 수 있다. 동사 앞에 조사 '给'가 놓여 동작의 결과를 강조할 수 있다.

[대상+被/叫/让+행위자+(给)+동사+기타성분]

你的书让他拿走了。
Nǐ de shū ràng tā názǒu le.
네 책은 그가 가져갔어.

电脑被弟弟给弄坏了。
Diànnǎo bèi dìdi gěi nònghuài le.
컴퓨터는 남동생이 망가뜨렸어요.

那个孩子叫狗给咬了。
Nàge háizi jiào gǒu gěi yǎo le.
저 아이는 개한테 물렸어.

'被'자문의 주어는 동작을 당하는 대상이며 화자나 청자가 모두 알고 있는 특정한 것이어야 한다.

一辆自行车被妹妹骑走了。(X) → 我的自行车被妹妹骑走了。(O)
Yí liàng zìxíngchē bèi mèimei qízǒu le.　　Wǒ de zìxíngchē bèi mèimei qízǒu le.
　　　　　　　　　　　　　　　　　　　　내 자전거는 여동생이 타고 갔어요.

'被' 뒤의 행위자가 불특정하거나 밝힐 필요가 없을 경우, 생략이 가능하다. 단, '叫'나 '让'의 뒤에서는 생략할 수 없다.

你又被打了?　　　　　　　　　　　　我的钱包让人偷走了。
Nǐ yòu bèi dǎ le?　　　　　　　　　　Wǒ de qiánbāo ràng rén tōuzǒu le.
너 또 맞았어?　　　　　　　　　　　　내 지갑을 누가 훔쳐 갔어.

부사나 조동사는 '被'의 앞에 위치한다.

那条鱼刚被猫吃掉了。　　　　　　　　我不想被老师批评。
Nà tiáo yú gāng bèi māo chīdiào le.　　 Wǒ bù xiǎng bèi lǎoshī pīpíng.
그 생선은 방금 어떤 고양이가 먹어버렸어.　나는 선생님께 혼나고 싶지 않아.

의미상의 피동문

피동문의 개사 '被', '叫', '让'과 목적어인 행위자가 문장에 등장하지 않고도 술어를 통해 피동의 뜻을 나타낼 수 있는데, 이러한 문형을 '의미상의 피동문'이라 한다. 특정한 사물이 주어가 된다.

矿泉水送来了。　　　　　　　　　　　电影票卖完了。
Kuàngquánshuǐ sònglai le.　　　　　　Diànyǐng piào màiwán le.
생수가 배달되었어요.　　　　　　　　영화표가 매진되었어요.

접속사 '然后'

접속사 '然后'는 '그런 후에'라는 뜻으로, 한 가지 동작이 발생한 후 이어서 다른 동작이 발생할 때 사용할 수 있다. 보통 '先……, 然后(再)……'의 형식으로 자주 쓰인다.

你先看看，然后买。 너는 먼저 본 다음에 사도록 해.
Nǐ xiān kànkan, ránhòu mǎi.

我想先去银行取钱，然后再去逛街。 나는 먼저 은행에 가서 돈을 찾은 다음 쇼핑을 가려고 해.
Wǒ xiǎng xiān qù yínháng qǔ qián, ránhòu zài qù guàng jiē.

새 단어

批评 pīpíng 동 질책하다, 꾸짖다 | 房子 fángzi 명 집 | 掉 diào 동 ~해 버리다 | 打扫 dǎsǎo 동 청소하다 | 骂 mà 동 욕하다, 질책하다 | 弄 nòng 동 만지다, 다루다 | 坏 huài 동 나쁘게 하다 형 나쁘다 | 咬 yǎo 동 물다, 깨물다 | 鱼 yú 명 생선 | 猫 māo 명 고양이 | 取钱 qǔ qián 돈을 찾다 | 逛街 guàng jiē 쇼핑하다, 거리를 다니다

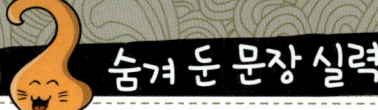

숨겨 둔 문장 실력

▶ 바꿔서 말해 보고, 이를 활용해 대화를 나눠 보세요. 🎧 09-04

하나 我的戒指被偷了。
他　　钱包
爸爸　公文包
弟弟　自行车

실력 up!
A 出什么事儿了?
B 我的戒指被偷了。

钱包 qiánbāo 지갑 | 公文包 gōngwénbāo 서류 가방 | 自行车 zìxíngchē 자전거

둘 矿泉水送来了吗?
冰箱
大米
衣服

실력 up!
A 矿泉水送来了吗?
B 已经送来了。

冰箱 bīngxiāng 냉장고 | 大米 dàmǐ 쌀 | 衣服 yīfu 옷

셋 我被那家公司录取了!
李哥　　中国银行
小周　　大企业
我妹妹　阿里巴巴

실력 up!
A 我被那家公司录取了!
B 恭喜恭喜!

李哥 Lǐ gē 이 형 | 中国银行 Zhōngguó Yínháng 중국 은행 | 小周 Xiǎo Zhōu 주 군, 주 양 | 大企业 dà qǐyè 대기업 | 我妹妹 wǒ mèimei 내 여동생 | 阿里巴巴 Ālǐbābā 알리바바 [중국의 최대 인터넷상 거래 기업]

단어 플러스

여러가지 가전 제품

电视机 diànshìjī 텔레비전 | 洗衣机 xǐyījī 세탁기 | 吸尘器 xīchénqì 청소기 | 电风扇 diànfēngshàn 선풍기 | 空调 kōngtiáo 에어컨 | 台式电脑 táishì diànnǎo 데스크탑 컴퓨터 | 笔记本电脑 bǐjìběn diànnǎo 노트북 컴퓨터 | 吹风机 chuīfēngjī 드라이어 | 冰箱 bīngxiāng 냉장고 | 微波炉 wēibōlú 전자레인지 | 电饭锅 diànfànguō 전기밥솥 | 电热壶 diànrèhú 전기포트 | 榨果汁机 zhàguǒzhījī 믹서기 | 咖啡机 kāfēijī 커피 머신

나만의 복습 다이어리

살다 보면 별의별 일을 다 당할 때가 있지~ 그럴 때 쓸 수 있는 문형이 바로 '被'자문이야.
'被'자문에는 동작을 가한 행위자와 그 동작을 당한 대상이 등장하지. 여기서 행위자는 확실치 않을 수 있는데 대상은 꼭 확실해야 한대. 그리고 어떤 일을 당한 후의 결과까지 나타나야 하는데 동사 뒤에 기타성분이 붙어서 결과를 나타내는 역할을 해. 기타성분으로는 '了', '过', 보어 등이 올 수 있지.
참, 조사 '着'와 가능보어는 기타성분으로 올 수 없다고 했으니 잘 외워두자!
그럼 어법 노하우에서 배운 실력 발휘 한번 해 볼까? 동작을 당하는 대상이 주어로 오면 된다는 것 꼭 기억하고 예문 만들기 시작!

나는 그 회사에 채용되었어요.   我被那家公司录取了。Wǒ bèi nà jiā gōngsī lùqǔ le.
내 반지를 도둑맞았어요.   我的戒指被偷了。Wǒ de jièzhi bèi tōu le.
남동생은 엄마에게 한바탕 욕을 먹었어요.   弟弟被妈妈骂了一顿。Dìdi bèi māma màle yí dùn.

피동문에는 '被' 말고 '叫'나 '让'도 쓸 수 있어. 위의 두 번째 예문을 보면 행위자가 문장에 등장하지 않았는데, 만약 '叫'나 '让'이 피동문에 쓰이면 행위자는 절대 생략할 수 없어. 예문으로 확인해 보자~

네 책은 누군가가 가져갔어.   你的书让人拿走了。Nǐ de shū ràng rén názǒu le.

문장에 '被', '叫', '让' 모두 쓰지 않고도 피동의 뜻을 나타낼 수 있는데, 이를 의미상의 피동문이라 부른대. 예를 들어, '생수가 배달되었어요.'라는 문장은 '矿泉水送来了。Kuàngquánshuǐ sònglai le.'라고 하는데, '생수(矿泉水)'가 발이 달려 혼자 움직인 게 아니고 당연히 누군가가 배달해 준 거잖아~ 그래서 의미상의 피동문이라 보는 거지.

흠흠, 피동문은 이해가 되는데 의미상의 피동문은 아직 좀 낯설어……
그래도 열심히 보다 보면 익숙해지겠지? Let's study

즉문즉답

Q 선생님, '把'자문과 '被'자문은 서로 바꿔 쓸 수 있나요?
A 네. 하지만 주어와 목적어의 위치에 주의해야 합니다.

'把'자문은 '행위자+把+대상+동작+결과'의 형식으로 써서 '행위자가 대상을 ~하다'라는 뜻이고, '被'자문은 '대상+被+행위자+동작+결과'의 형식으로 써서 '대상이 행위자에 의해 ~되다'라는 뜻입니다. 이렇게 '把'자문과 '被'자문은 바꿔 쓸 수 있지만 주어와 목적어의 위치가 달라지지요. 예문으로 서로 비교해 볼까요?

弟弟把月饼吃了。Dìdi bǎ yuèbǐng chī le. 동생이 월병을 먹었어요.
月饼被弟弟吃了。Yuèbǐng bèi dìdi chī le. 월병은 동생이 먹었어요.

차근차근 실력 확인

1 잘 듣고 녹음 내용과 일치하는 그림을 골라 보세요. 🎧 09-05

❶ (　　　)　❷ (　　　)　❸ (　　　)　❹ (　　　)

a

b

c

d

2 아래의 보기에서 알맞은 단어를 골라 문장을 완성해 보세요.

| 보기 |　　正式　　被　　倒霉　　送货　　实习

❶ 快递公司打电话说下午_____。

❷ 今天真_____。

❸ 我的咖啡_____姐姐喝了。

❹ 先_____三个月。

❺ 然后就是_____员工了?

114

3 대화가 완성될 수 있도록 문장을 알맞게 연결해 보세요.

① 矿泉水送来了吗?
　Kuàngquánshuǐ sònglai le ma?

② 恭喜你啊!
　Gōngxǐ nǐ a!

③ 什么戒指?
　Shénme jièzhi?

④ 你下个月开始上班吗?
　Nǐ xià ge yuè kāishǐ shàngbān ma?

A 是情侣戒指。
　Shì qínglǚ jièzhi.

B 已经送来了。
　Yǐjīng sònglai le.

C 嗯,差不多。
　Ǹg, chàbuduō.

D 谢谢妈妈!
　Xièxie māma!

4 주어진 단어를 어순에 맞게 배열하고, 문장 전체를 해석해 보세요.

① 那　我　被　公司　家　录取　了

문장 : _____。

뜻 : _____.

② 他们　打扫得　被　干净　很　教室

문장 : _____。

뜻 : _____.

③ 偷　钱包　我　被　的　走　了

문장 : _____。

뜻 : _____.

④ 买　然后　先　看看　你

문장 : _____。

뜻 : _____.

발음·성조 클리닉

한국 드라마 속 명대사를 읽으며 발음과 성조를 연습해 보세요. 09-06

1 『낭만닥터 김사부 (浪漫医生金师傅 Làngmàn yīshēng Jīn shīfu)』

Rúguǒ zhēn xiǎng zhànshèng zhè yíqiè,
zhǐyào chéngwéi xūyào de rén jiù xíng.

如果真想战胜这一切，只要成为需要的人就行。
정말로 이기고 싶으면, 필요한 사람이 되면 돼.

2 『미생 (未生 Wèishēng)』

Suǒwèi de lù bú shì ràng rén zǒu de, zhòngyào de shì
yìbiān zǒu yìbiān qiánjìn, wúfǎ zǒu chūqu de lù bú shì lù.
Suīrán lù wèi suǒyǒu rén dōu kāifàngzhe,
dànshì bìng bú shì suǒyǒu de rén dōu néng zǒu nà tiáo lù.

所谓的路不是让人走的，重要的是一边走一边前进，
无法走出去的路不是路。虽然路为所有人都开放着，
但是并不是所有的人都能走那条路。
길이란 걷는 것이 아니라 걸으면서 나아가는 것이 중요하다.
나아가지 못하는 길은 길이 아니다. 길은 모두에게 열려 있지만 모두가 그 길을 갈 수 있는 것은 아니다.

3 『화정 (华政 Huázhèng)』

Wèile rìhòu nǐ bù gěi rènhé rén xià guì, ràng zhège guójiā de
suǒyǒu bǎixìng dōu néng rúcǐ, nǐ yídìng yào shíkè qīngxǐng.

为了日后你不给任何人下跪，让这个国家的所有百姓都能如此，
你一定要时刻清醒。
장차 네가 누구 앞에서도 무릎을 꿇지 않고, 이 나라 백성 모두가 그리 될 수 있도록 깨어 있어라.

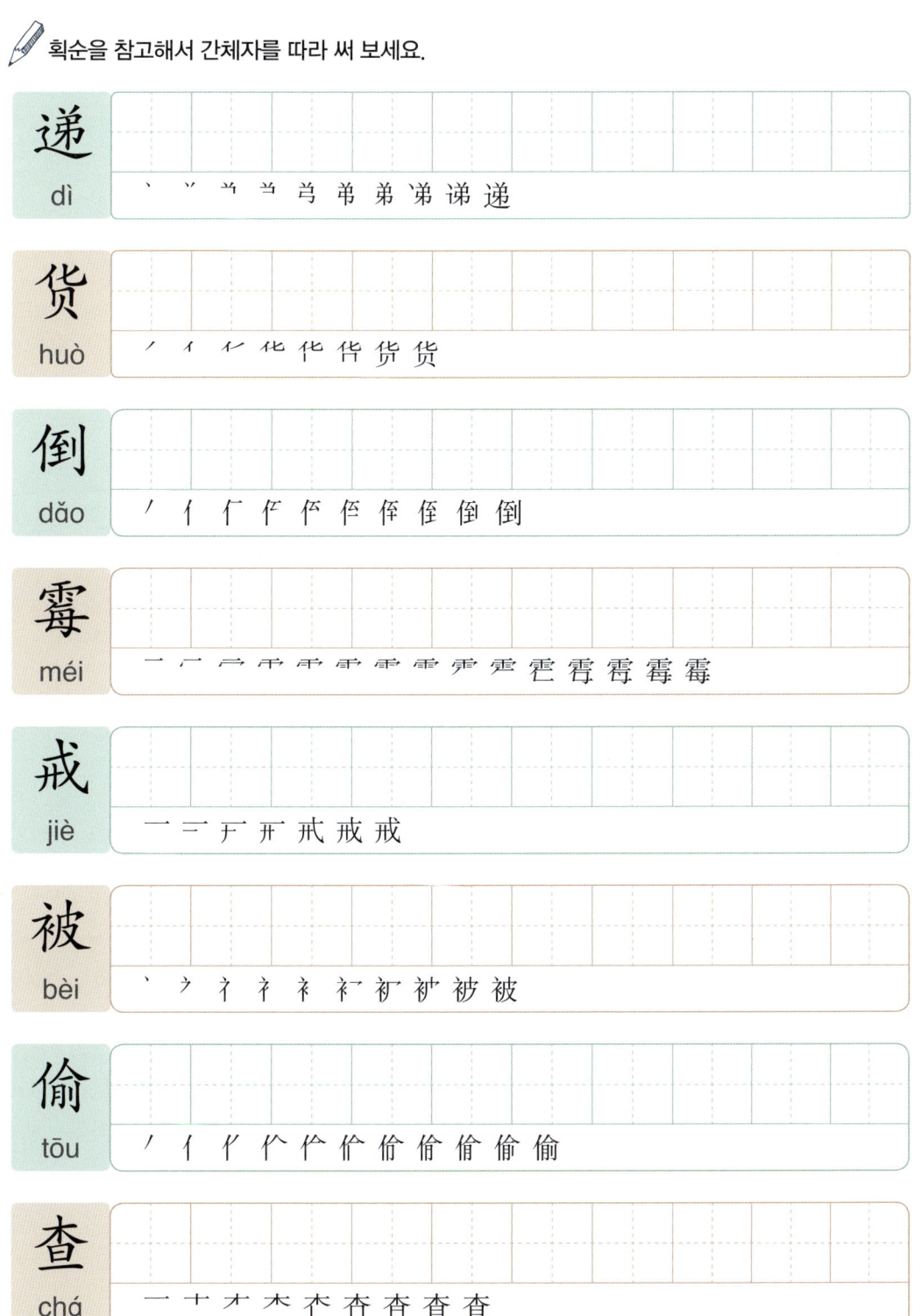

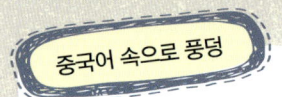

중국인과의 수다

'말 한마디에 천냥 빚을 갚는다.'라는 속담도 있듯이 말이 갖는 힘은 참 크다. 중국 친구들을 만날 때는 어떤 말을 하면 좋을까? 조심해야 하거나 피해야 할 말은 없을까?

대한 남아들의 수다에서 절대 빠질 수 없는 주제는 바로 군대 이야기. 과연 중국의 남아들에게도 군대에서 무 꼬리를 쥐 꼬리로 만들었다는 무용담이 맛깔스러운 안줏거리가 될 수 있을까? 대답은 NO! 한국 남성들에게 군대는 반드시 가야 할 의무 사항이지만 중국 남성들에게 군대는 의무가 아닌 선택 사항이기 때문에 아쉽게도 군대 이야기는 중국인들과의 대화 주제로 그리 환영 받지 못한다. 군대 이야기 대신 축구 이야기를 해 보자. 중국이 축구 강국은 아니어도 중국인들 역시 축구에 대해서는 아주 열광적이니 축구 이야기를 꺼내면 자연스럽게 분위기를 풀어 갈 수 있을 것이다.

중국인과 대화할 때 상대방에게 강한 인상을 남기고 싶다면 적절한 성어나 속담을 사용하면 큰 효과를 볼 수 있다. 평소에 중국 성어와 속담을 외워 두었다가 적당한 순간에 촌철살인의 한 마디를 멋지게 날려 준다면 중국 친구들의 찬사를 받음과 동시에 그들과 바로 친해질 기회를 만들 수 있을 것이다. 중국인들의 마음을 사로잡을 수 있는 성어나 속담은 중국 고전을 읽으며 수집하는 것이 가장 좋지만, 공부하고 일하기도 빠듯한 시간에 논어(论语 Lúnyǔ), 맹자(孟子 Mèngzǐ)를 읽기란 쉽지 않을 것이다. 그렇다면 틈틈이 시간을 내어 한국에서 출간된 《삼국지(三国志 Sānguózhì)》의 만화 버전이라도 봐 두자. 또 《수호전(水浒传 Shuǐhǔzhuàn)》, 《서유기(西游记 Xīyóujì)》, 《홍루몽(红楼梦 Hónglóumèng)》과 같은 중국 고전 소설의 내용만이라도 잘 알고 있어도 중국인들과의 대화에 재미를 더할 수 있을 것이다.

요즘은 중국인들 사이에 한류(韩流 Hánliú) 문화가 큰 인기가 있다 보니 한국 드라마나 예능 프로그램에 관심을 갖는 중국인들이 많아져 대화의 주제가 더욱 다양해졌다. 그러나 가까운 사이일수록 말을 가려서 해야 하듯이 아무리 가까운 중국인이라 할지라도 섣불리 꺼내서는 안 될 주제들이 있는데, 대표적으로 정치 문제나 민감한 역사 사건이 그렇다. 간혹 농담으로 건넨 말이 싸움으로까지 커져 친구 관계도 깨지고 심지어 성사될 뻔한 비즈니스에까지 영향을 주는 경우도 있다. 특히 과거의 역사를 들추어 시시비비를 가리거나 상대국을 폄하하는 듯한 느낌을 주는 발언을 한다면 90% 이상 성사되었던 일도 한순간에 물거품이 될 수 있으니 항상 조심하도록 하자.

10

我的涨了百分之三十。
Wǒ de zhǎngle bǎi fēnzhī sānshí.

내 것은 30% 올랐어요.

학습 포인트

- 양사의 중첩형 이해하기
- '多+동사' 구문 활용하기
- '得'의 동사 용법 익히기
- 다양한 숫자 형식 활용하기

나의 회화 수첩

상황 ❶ 먹는 게 남는 법! 🎧 10-01

张金喜 **这里的菜道道都是正宗粤菜。**
　　　Zhèli de cài dàodào dōu shì zhèngzōng Yuècài.

乐　天 **妈妈，我第一次吃粤菜，好吃极了。**
　　　Māma, wǒ dì-yī cì chī Yuècài, hǎochī jí le.

张金喜 **好吃你就多吃点儿。**
　　　Hǎochī nǐ jiù duō chī diǎnr.

道 dào 명 가지, 종류 | 正宗 zhèngzōng 형 정통의 | 粤菜 Yuècài 명 광둥(广东) 요리 ▶甜 tián 달다, 酸 suān 시다, 辣 là 맵다, 咸 xián 짜다, 苦 kǔ 쓰다, 涩 sè 떫다 | 第 dì 제 [수사 앞에 쓰여 차례를 나타냄]

상황 ❷ 주식에 울고 주식에 웃고 🎧 10-02

李　总 **你炒的股票涨价了吗?**
　　　Nǐ chǎo de gǔpiào zhǎngjià le ma?

金泰山 **最近走牛市，我的也涨了百分之三十。**
　　　Zuìjìn zǒu niúshì, wǒ de yě zhǎngle bǎi fēnzhī sānshí.

李　总 **你发财了！请客请客！**
　　　Nǐ fācái le! Qǐngkè qǐngkè!

金泰山 **好的，没问题！**
　　　Hǎo de, méi wèntí!

炒 chǎo 동 (주식 등을) 매매하다 | 股票 gǔpiào 명 주식 ▶炒股票 chǎo gǔpiào 주식 거래를 하다 | 涨价 zhǎngjià 동 가격이 오르다 | 牛市 niúshì 명 상승세를 보이는 주식 시장 ↔ 熊市 xióngshì 하락세를 보이는 주식 시장 | ……分之…… fēnzhī ~분의 ~ | 请客 qǐngkè 동 한턱내다

상황 ❸ 난 한다면 하는 사람   🎧 10-03

张金喜 **乐天，你的数学成绩出来了吗？**
Lètiān, nǐ de shùxué chéngjì chūlai le ma?

乐　天 **出来了，这次成绩比上次提高了很多。**
Chūlai le, zhè cì chéngjì bǐ shàng cì tígāole hěn duō.

张金喜 **提高了一倍？**
Tígāole yí bèi?

乐　天 **嗯，这次得了八十分。**
Ǹg, zhè cì déle bāshí fēn.

张金喜 **儿子，我没想到你考得这么好。**
Érzi, wǒ méi xiǎngdào nǐ kǎo de zhème hǎo.

乐　天 **妈妈，我跟你说过我会好好学习的嘛。**
Māma, wǒ gēn nǐ shuōguo wǒ huì hǎohāo xuéxí de ma.

张金喜 **乖儿子，我为你感到骄傲。**
Guāi érzi, wǒ wèi nǐ gǎndào jiāo'ào.

乐　天 **妈妈，以后我会更加努力的。**
Māma, yǐhòu wǒ huì gèngjiā nǔlì de.

张金喜 **好啊，我们乐天真棒！**
Hǎo a, wǒmen Lètiān zhēn bàng!

数学 shùxué 명 수학 ▶**语文** yǔwén 국어, **英语** Yīngyǔ 영어, **科学** kēxué 과학, **历史** lìshǐ 역사, **地理** dìlǐ 지리, **体育** tǐyù 체육 | **成绩** chéngjì 명 성적 | **提高** tígāo 동 높이다, 향상시키다 | **倍** bèi 양 배, 갑절 | **分** fēn 명 점수 | **感到** gǎndào 동 느끼다, 여기다 | **骄傲** jiāo'ào 형 자랑스럽다 | **以后** yǐhòu 명 이후 | **更加** gèngjiā 부 더욱, 훨씬

어법 노하우 대 공개

양사의 중첩

① **명량사의 중첩**

1음절 명량사를 중첩하여 쓰면 '모두', '예외 없이'의 뜻이 된다.

他**年年**冬天去哈尔滨看冰灯。 그는 매년 겨울 하얼빈으로 빙등을 보러 가요.
Tā niánnián dōngtiān qù Hā'ěrbīn kàn bīngdēng.

我们班的同学**个个**都很聪明。 우리 반 친구들은 모두 다 똑똑해요.
Wǒmen bān de tóngxué gègè dōu hěn cōngmíng.

② **동량사의 중첩**

1음절 동량사를 중첩하여 쓰면 '〜마다', '매번'의 뜻이 된다.

他**次次**考试都全校第一名。　　她**回回**都早到。
Tā cìcì kǎoshì dōu quánxiào dì-yī míng.　Tā huíhuí dōu zǎo dào.
그는 시험 때마다 전교 1등이에요.　　그녀는 매번 일찍 와요.

③ **'수사+양사'의 중첩**

'수사+양사' 형식을 중첩하여 쓰면 '하나씩', '차례로'의 뜻이 된다.

你们**一个一个**地进来。　　汽车**一辆一辆**地通过这座桥。
Nǐmen yí ge yí ge de jìnlai.　　Qìchē yí liàng yí liàng de tōngguò zhè zuò qiáo.
너희들 한 명씩 들어와.　　자동차가 차례로 이 다리를 통과합니다.

'多'+동사

'多'는 동사 앞에 놓여 '더 〜하다'라는 뜻을 나타내며, 주로 회화에서 많이 사용된다.

喜欢这里，你就**多**住几天。　　天冷了，你就**多**穿点儿衣服吧。
Xǐhuan zhèli, nǐ jiù duō zhù jǐ tiān.　　Tiān lěng le, nǐ jiù duō chuān diǎnr yīfu ba.
이곳이 마음에 드시면, 며칠 더 머무세요.　날이 추워졌으니 옷을 좀 더 입으렴.

'得'의 동사 용법

'得'는 조동사, 구조조사의 용법 외에 동사로도 쓰여 '얻다' 혹은 '동의하다'의 뜻을 나타낸다. 동사로 쓰일 때는 'dé'로 발음하는 것에 주의한다.

这次考试他**得**了九十分。　　**得**了，我们就这样吧。
Zhè cì kǎoshì tā déle jiǔshí fēn.　　Dé le, wǒmen jiù zhèyàng ba.
이번 시험에서 그는 90점을 받았어요.　좋았어, 우리 이렇게 하자.

> 다양한 형식의 숫자 읽기

① **백분율**

백분율(%)은 '百分之+숫자'로 표현한다.

81% 百分之八十一 bǎi fēnzhī bāshíyī | 100% 百分之(一)百 bǎi fēnzhī (yì)bǎi

② **소수**

소수점은 '点'으로 표현하고 소수점 뒤의 숫자는 하나씩 읽는다.

1.47 一点四七 yì diǎn sì qī | 3.1215 三点一二一五 sān diǎn yī èr yī wǔ

③ **분수**

분수는 '숫자(분모)+分之+숫자(분자)'로 표현한다.

$\frac{1}{4}$ 四分之一 sì fēnzhī yī | $3\frac{1}{2}$ 三又二分之一 sān yòu èr fēnzhī yī

④ **배수**

어떤 수의 배수를 나타낼 때는 '숫자+倍'로 표현한다.

두 배 一倍 yí bèi, 两倍 liǎng bèi | 백 배 一百倍 yìbǎi bèi

⑤ **서수**

서수(序数)는 '第+숫자'로 표현한다.

첫째 第一 dì-yī | 열두째 第十二 dì-shí'èr

'第+숫자' 뒤에 양사가 붙어 명사를 수식하는 관형어로 쓰일 수 있다.

第二节课什么时候开始?
Dì-èr jié kè shénme shíhou kāishǐ?
두 번째 수업은 언제 시작하나요?

第五个问题的答案不对。
Dì-wǔ ge wèntí de dá'àn bú duì.
다섯 번째 문제의 답이 틀렸어요.

때로는 '第'가 생략되기도 한다.

我住(第)八楼。
Wǒ zhù (dì-)bā lóu.
나는 8층에 살아요.

他是我(第)二哥。
Tā shì wǒ (dì-)èr gē.
저 사람은 우리 둘째 형이야.

> 새 단어

哈尔滨 Hā'ěrbīn 고유 하얼빈 | 冰灯 bīngdēng 명 빙등 [얼음으로 만든 관상용 등] | 全校 quánxiào 명 전교 | 名 míng 양 석차,
순위 | 汽车 qìchē 명 자동차 | 通过 tōngguò 동 통과하다 | 桥 qiáo 명 다리 | 节 jié 양 [여러 개로 나누어진 것을 세는 단위]
答案 dá'àn 명 답, 답인

10 我的涨了百分之三十。

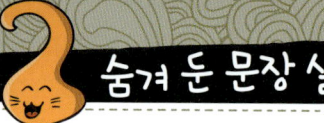

숨겨 둔 문장 실력

▶ 바꿔서 말해 보고, 이를 활용해 대화를 나눠 보세요. 🎧 10-04

하나 这里的菜道道都是正宗粤菜。

这个饭店　　　　　　川菜
这个餐厅　　　　　　鲁菜
这个地方　　　　　　湘菜

> **실력 up!**
> A 这里的菜道道都是正宗粤菜。
> B 这里的菜好吃极了。

这个饭店 zhège fàndiàn 이 음식점 | 川菜 Chuāncài 쓰촨 요리 | 这个餐厅 zhège cāntīng 이 음식점
鲁菜 Lǔcài 산둥 요리 | 这个地方 zhège dìfang 이곳 | 湘菜 Xiāngcài 후난 요리

둘 我的涨了百分之三十。

百分之八
百分之十
百分之百

> **실력 up!**
> A 你炒的股份涨价了吗?
> B 我的涨了百分之三十。

百分之八 bǎi fēnzhī bā 8% | 百分之十 bǎi fēnzhī shí 10% | 百分之百 bǎi fēnzhī bǎi 100%

셋 这次成绩比上次提高了很多。

一点儿
一倍
三倍

> **실력 up!**
> A 你的数学成绩出来了吗?
> B 这次成绩比上次提高了很多。

一点儿 yìdiǎnr 조금 | 一倍 yí bèi 두 배 | 三倍 sān bèi 세 배

단어 플러스

다양한 채소 종류

白菜 báicài 배추 | 蒜 suàn 마늘 | 葱 cōng 파 | 洋葱 yángcōng 양파 | 萝卜 luóbo 무 | 胡萝卜 húluóbo 당근
辣椒 làjiāo 고추 | 蘑菇 mógu 버섯 | 土豆 tǔdòu 감자 | 茄子 qiézi 가지 | 黄瓜 huángguā 오이 | 西红柿 xīhóngshì 토마토 | 西兰花 xīlánhuā 브로콜리 | 芹菜 qíncài 셀러리 [celery] | 香菜 xiāngcài 고수 | 圆白菜 yuánbáicài 양배추

나만의 복습 다이어리

오늘은 숫자와 관련된 내용이 작정한 듯이 쏟아져 나와서 정신을 차릴 수가 없었어.
내가 제일 약한 게 숫자인데……

첫 번째로 볼 것은 백분율(%)인데, 중국어로는 '百分之 bǎi fēnzhī' 뒤에 숫자를 붙여 나타낸다고 해.
그럼 '30%'라고 하려면? '百分之三十 bǎi fēnzhī sānshí'로 말하면 되는 거지.

어떤 수의 배수를 표현할 때는 '倍 bèi'를 사용하는데, '두 배'라는 표현은 '一倍 yí bèi'와 '两倍 liǎng bèi'
모두 쓸 수 있다고 하네. 약간 아리송하지만 '倍' 자체에 '갑절'이라는 뜻이 들어 있으니 '一倍'이든
'两倍'이든 모두 '두 배'를 의미한다고 알아두면 되겠어!

순서를 나타내는 서수는 회화에서 많이 쓰는 표현이라 그런지 단번에 알아들었지~ '第' 뒤에 숫자를
붙이는데, '첫째'는 '第一 dì-yī', '둘째'는 '第二 dì-èr' 이런 식으로 쓰면 돼. 상황에 맞게 양사를 붙여서도 쓸
수 있는데, '첫 번째'라고 할 때는 '第一次 dì-yī cì'라고 하지!

숫자는 여기까지 보기로 하고, 나머지 어법도 한번 훑어 볼까?
양사도 중첩해서 쓸 수 있는데, '个', '年' 같은 명량사를 중첩하면 '모두'의 뜻이 되고, '次', '回' 같은
동량사를 중첩하면 '매번'의 뜻이 된대. 쓰임을 잘 알아두어야겠어. 예를 들어 보면~

 나는 해마다 여기에 와요.　　我年年都来这里。Wǒ niánnián dōu lái zhèli.

'더 ~하다'라는 뜻으로 동사 앞에 '多'를 붙여 쓰는 용법도 있었지. 이 형식은 회화에서 많이 쓴다는데,
예를 들어 보자.

 더 드세요.　　多吃点儿吧。Duō chī diǎnr ba.

언제 4권까지 공부하나 싶었는데 벌써 4권의 끝이 보이는 거 있지. 이제 마지막 한 과만 남았어……
왠지 아쉬운걸!

즉문즉답

Q 선생님, '99.34%'는 어떻게 표현하나요?

A 네, 백분율과 소수의 형식을 모두 사용하여 읽으면 됩니다.

백분율을 나타낼 때는 '百分之……' 표현을 쓴다고 배웠지요. 그런데 문제는 소수도 포함되어 있다는
건데요. 소수점 아래의 숫자를 읽을 때 '三十四'라고 해야 할지, 아니면 그냥 '三四'라고 해야 할지
고민되시죠? 정답은? 두둥~ '三四'라고 읽으면 됩니다.

99.34%　百分之九十九点三四　bǎi fēnzhī jiǔshíjiǔ diǎn sān sì

차근차근 실력 확인

1 잘 듣고 녹음 내용과 일치하는 그림을 골라 보세요. 🎧 10-05

❶ (　　　)　❷ (　　　)　❸ (　　　)　❹ (　　　)

a

b

c

d

2 아래의 보기에서 알맞은 단어를 골라 문장을 완성해 보세요.

| 보기 |　　骄傲　　牛市　　炒　　道道　　百分之

❶ 这里的菜_____都是正宗粤菜。

❷ 你_____的股票涨价了吗?

❸ 最近走_____。

❹ 我的股票涨了_____三十。

❺ 我为你感到_____!

3 대화가 완성될 수 있도록 문장을 알맞게 연결해 보세요.

① 这里的菜，好吃极了。
　Zhèli de cài, hǎochī jí le.

② 以后我会更加努力的。
　Yǐhòu wǒ huì gèngjiā nǔlì de.

③ 你的股票涨价了吗?
　Nǐ de gǔpiào zhǎngjià le ma?

④ 你的数学成绩出来了吗?
　Nǐ de shùxué chéngjì chūlai le ma?

A 好啊，我们乐天真棒!
　Hǎo a, wǒmen Lètiān zhēn bàng!

B 涨了一倍!
　Zhǎngle yí bèi!

C 出来了，这次得了八十分。
　Chūlai le, zhè cì déle bāshí fēn.

D 好吃你就多吃点儿。
　Hǎochī nǐ jiù duō chī diǎnr.

4 주어진 단어를 어순에 맞게 배열하고, 문장 전체를 해석해 보세요.

① 都　我们班　聪明　个个　的　很　同学

　문장 : _____。

　뜻 : _____.

② 天冷了，　就　多　衣服　你　点儿　穿　吧

　문장 : _____。

　뜻 : _____.

③ 成绩　比　这次　很多　上次　提高了

　문장 : _____。

　뜻 : _____.

④ 没　考　想到　好　得　你　这么

　문장 : _____。

　뜻 : _____.

발음·성조 클리닉

중국 문학 작품을 읽으며 발음과 성조를 연습해 보세요. 🎧 10-06

1 《고향 (故乡 Gùxiāng)》 作: 鲁迅 Lǔ Xùn

> Xīwàng shì běn wúsuǒwèi yǒu, wúsuǒwèi wú de.
> Zhè zhèng rú dì shang de lù, qíshí dì shang běn méiyǒu lù,
> zǒu de rén duō le, yě biàn chéngle lù.

希望是本无所谓有，无所谓无的。
这正如地上的路，其实地上本没有路，走的人多了，也便成了路。

희망은 본래 있다고도 할 수 없고 없다고도 할 수 없다. 이것은 마치 땅 위에 난 길과 같다.
원래 땅 위에는 길이 없었는데, 지나다니는 사람이 많아지면서 길이 된 것이다.

2 《널 사랑하지 않아 (不爱你就是不爱你 Bú ài nǐ jiù shì bú ài nǐ)》 作: 张小娴 Zhāng Xiǎoxián

> Wǒ ài nǐ, gēnběn méiyǒu yuányīn.
> Bú shì yīnwèi nǐ xiàng wǒ huòzhě nǐ gānghǎo yǔ wǒ xiāngfǎn.
> Bú shì yì zhǒng xīn li bǔcháng, bú shì nǐ yōngyǒu shénme yōudiǎn,
> shénme tiáojiàn, yě bú shì yīnwèi nǐ zěnyàng duì wǒ.

我爱你，根本没有原因。不是因为你像我或者你刚好与我相反。
不是一种心理补偿，不是你拥有什么优点，什么条件，
也不是因为你怎样对我。

내가 당신을 사랑하는 데는 아무런 이유가 없어요. 당신이 나를 닮아서도, 당신이 나랑 정반대여서도 아니지요.
일종의 심리적 보상도 아니고 당신에게 어떤 장점이나 어떤 조건이 있어서도,
당신이 나한테 어떻게 해 줘서도 아니랍니다.

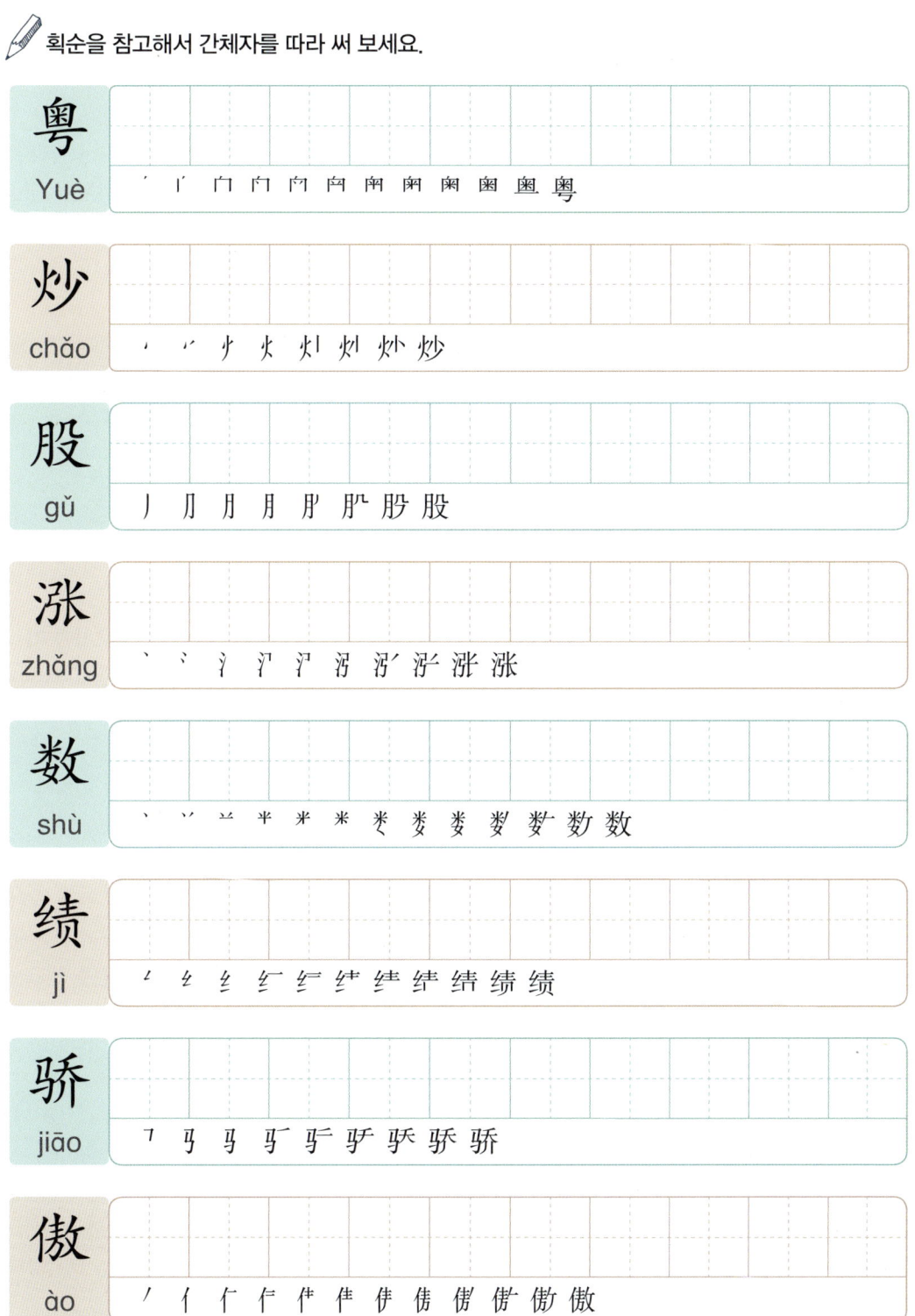

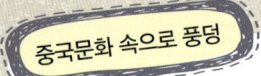
중국문화 속으로 풍덩

상하이에서 잠깐 쉬어 가기

베이징이 중국 북방을 대표하는 정치·역사의 중심지라 한다면 상하이(上海 Shànghǎi)는 중국 남방을 대표하는 경제의 중심지라 할 수 있다. 상하이는 당나라 때 처음 행정 구역에 편입되었고, 송나라에는 강 하구에 위치한 지리적 특징으로 인해 항구로서의 역할을 하게 되었다. 이후 원나라에 들어 상하이 현(上海县 Shànghǎixiàn)이 되면서 정식 도시의 모습을 갖추게 되었고, 개혁개방 이후에는 중국 경제를 견인하는 최대의 경제·무역 도시로 자리잡았다.

'동방의 파리'라 불리는 상하이는 야경을 빼놓고 이야기할 수 없다. 저녁 무렵 와이탄(外滩 Wàitān)에 가면 고풍스럽게 늘어선 건물들이 멋진 조명과 어우러진 아름다운 경관을 감상할 수 있다. 잠시 시선을 돌려 황푸 강(黄浦江 Huángpǔjiāng) 건너편을 한번 바라보자. 동방명주(东方明珠 Dōngfāngmíngzhū) 타워를 비롯하여 주변의 현대적이고 세련된 건물들이 형형색색 빛을 발하는 모습은 마치 미래의 우주 도시 어디쯤으로 공간 이동을 한 것 같은 착각에 빠져들게 한다.

중국 남방의 조경 문화를 느껴 보고 싶다면 예원(豫园 Yùyuán)에 가는 것이 좋다. 예원은 명나라 관리 판윈뚜안(潘允端 Pān Yǔnduān)이 그의 아버지를 위해 지은 개인 정원으로, 섬세하고 정교하게 배치된 누각, 연못, 다리 등이 아름다운 조화를 이루고 있다.

상하이를 대표할 만한 쇼핑가로는 난징루(南京路 Nánjīnglù), 화이하이루(淮海路 Huáihǎilù)가 있다. 이 중에서 난징루는 1920~30년대부터 이미 유명했던 쇼핑가로, 지금도 중국인과 외국인 모두가 즐겨 찾는 곳이다. 화이하이루는 상하이가 프랑스 조계지였던 시절의 화려함과 고급스러움이 여전히 남아 있는 곳으로, 유명 백화점들이 늘어서 있어 상하이의 젊은이들이 가장 좋아하는 곳이기도 하다. 멋진 사진을 찍고 싶다면 루이찐 호텔(瑞金宾馆 Ruìjīn Bīnguǎn)에 들러 보는 것을 추천한다. 결혼을 앞둔 신랑 신부들의 웨딩 촬영지로 유명한 곳으로, 고풍스런 영국식 건물과 잘 가꾼 조경이 그야말로 한 폭의 그림을 연상시킨다.

쇼핑을 마친 후 카페 거리 신티엔띠(新天地 Xīntiāndì)에 가서 맛있는 식사를 하거나 커피를 마시는 것을 추천한다. 상하이는 20세기 초 서양 열강들의 침입을 받으면서 스쿠먼(石库门 Shíkùmén)이라는 독특한 건축 양식을 발달시키게 되는데, 이 스쿠먼을 리모델링하여 탄생시킨 거리가 바로 신티엔띠이다. 서양식 레스토랑, 바, 노천 카페가 쭉 이어져 있어 유럽에 와 있는 것 같은 느낌을 준다.

11

为了美好的新年，干杯!
Wèile měihǎo de xīnnián, gānbēi!

멋진 새해를 위해 건배!

학습 포인트

- 개사 '向', '为了'의 용법 익히기
- '一……就……' 구문 응용하기
- '少+동사' 구문 활용하기

나의 회화 수첩

 상황 ① 졸업은 끝이 아닌 새로운 시작 🎧 11-01

松怡 **大学快要毕业了，我有些舍不得。**
Dàxué kuàiyào bìyè le, wǒ yǒuxiē shěbude.

民俊 **毕业并不是结束，毕业是新的开始。**
Bìyè bìng bú shì jiéshù, bìyè shì xīn de kāishǐ.

松怡 **对！我们继续向前奋斗吧！**
Duì! Wǒmen jìxù xiàng qián fèndòu ba!

民俊 **加油！**
Jiāyóu!

快要 kuàiyào 튀 곧 [짧은 시간 안에 어떤 상황이 발생함을 나타냄] | 有些 yǒuxiē 튀 좀, 약간 | 舍不得 shěbude 동 (이별을) 아쉬워하다 | 并 bìng 튀 전혀, 결코 | 结束 jiéshù 동 끝나다 | 继续 jìxù 동 계속하다 | 向 xiàng 개 ~을 향해 | 奋斗 fèndòu 동 (목적의 달성을 위해) 분투하다 | 加油 jiāyóu 동 힘을 내다, 파이팅

 상황 ② 고3 수험생에 임하는 자세 🎧 11-02

张金喜 **乐天，你明年就要高三了。**
Lètiān, nǐ míngnián jiùyào gāo sān le.

乐天 **妈妈，我不怕高三，可是一想到高考就头疼。**
Māma, wǒ bú pà gāo sān, kěshì yì xiǎngdào gāokǎo jiù tóuténg.

张金喜 **每个高中生都得过这一关。你就别多想了。**
Měi ge gāozhōngshēng dōu děi guò zhè yì guān. Nǐ jiù bié duō xiǎng le.

乐天 **妈妈，万一我没考上大学怎么办？**
Māma, wànyī wǒ méi kǎoshang dàxué zěnme bàn?

张金喜 **那也没关系，高考也不是人生的全部。**
Nà yě méi guānxi, gāokǎo yě bú shì rénshēng de quánbù.

明年 míngnián 명 내년 | 高三 gāo sān 명 고등학교 3학년 | 可是 kěshì 접 그러나 | 高考 gāokǎo 명 대학 입학 시험 | 头疼 tóuténg 형 머리가 아프다 | 每 měi 대 매, 모든 | 过关 guòguān 동 (관문을) 통과하다 | 万一 wànyī 접 만일 | 人生 rénshēng 명 인생 | 全部 quánbù 명 전부

희망찬 새해를 맞이하며 건배! 🎧 11-03

爷爷　**今天，大家好不容易聚在一起，我非常高兴。**
Jīntiān, dàjiā hǎobù róngyì jùzài yìqǐ, wǒ fēicháng gāoxìng.

奶奶　**我们一家人在一起吃团圆饭，真好。**
Wǒmen yì jiārén zài yìqǐ chī tuányuánfàn, zhēn hǎo.

金泰山　**希望大家在新的一年里，身体健康、万事如意！**
Xīwàng dàjiā zài xīn de yì nián li, shēntǐ jiànkāng、wànshì rúyì!

张金喜　**来！为了美好的新年，大家干一杯！**
Lái! Wèile měihǎo de xīnnián, dàjiā gān yì bēi!

全家人　**干杯！**
Gānbēi!

松怡　**天天像今天一样和和气气就好了。**
Tiāntiān xiàng jīntiān yíyàng héheqìqì jiù hǎo le.

乐天　**以后啊，我们就多做事，少抱怨吧。**
Yǐhòu a, wǒmen jiù duō zuòshì, shǎo bàoyuàn ba.

奶奶　**哈哈，咱们乐天真的长大了啊！**
Hāhā, zánmen Lètiān zhēn de zhǎngdà le a!

爷爷　**行，我们大家就都听乐天的。**
Xíng, wǒmen dàjiā jiù dōu tīng Lètiān de.

松怡　**快十二点了，大家一起来倒计时！**
Kuài shí'èr diǎn le, dàjiā yìqǐ lái dàojìshí!

全家人　**五、四、三、二、一，新年快乐！**
Wǔ、sì、sān、èr、yī, xīnnián kuàilè!

大家 dàjiā 때 모두, 다들 | **好不容易** hǎobù róngyì 가까스로 | **聚** jù 동 모이다 | **高兴** gāoxìng 형 기쁘다 | **团圆饭** tuányuánfàn 명 명절에 가족이 함께 모여 먹는 밥 | **希望** xīwàng 동 희망하다 | **健康** jiànkāng 형 건강하다 | **万事如意** wànshì rúyì 모든 일이 뜻대로 이루어지다 | **为了** wèile 개 ~을 위해 | **美好** měihǎo 형 아름답다 | **新年** xīnnián 명 새해 | **干杯** gānbēi 동 잔을 비우다, 건배하다 | **和气** héqi 형 화목하다 | **少** shǎo 형 적다 부 ~하지 마라 | **抱怨** bàoyuàn 동 원망하다 | **倒计时** dàojìshí 동 초읽기 하다 | **新年快乐** xīnnián kuàilè 새해 복 많이 받으세요 [새해 인사]

● **全家人** quán jiārén 온 가족

어법 노하우 대 공개

부사 '并'

부사 '并'은 '결코', '절대'라는 뜻으로, 부정부사 앞에 놓여 부정의 어감을 강조한다.

毕业并不是结束。
Bìyè bìng bú shì jiéshù.
졸업은 결코 끝이 아니에요.

这件事他并没有告诉我。
Zhè jiàn shì tā bìng méiyou gàosu wǒ.
이 일을 그는 절대 나에게 이야기하지 않았어요.

개사 '向'

개사 '向'은 '~을 향해'라는 뜻으로, 동작의 방향을 나타낸다.

他向这边走来。
Tā xiàng zhèbiān zǒulai.
그는 이쪽을 향해 걸어옵니다.

窗户向外开着。
Chuānghu xiàng wài kāizhe.
창문이 밖으로 열려 있어요.

'向'과 함께 주로 사용되는 동사로 '学习(xuéxí 본받다)', '负责(fùzé 책임지다)', '了解(liǎojiě 이해하다)', '道歉(dàoqiàn 사과하다)', '请教(qǐngjiào 가르침을 청하다)', '告别(gàobié 작별 인사를 하다)'가 있다.

你们应该向她学习。
Nǐmen yīnggāi xiàng tā xuéxí.
너희는 그녀를 본받아야 해.

我来向你告别。
Wǒ lái xiàng nǐ gàobié.
나는 너에게 작별 인사를 하러 왔어.

'向'은 동사의 뒤에 놓여 보어로 쓰일 수 있는데, 이때 사용되는 동사로는 '走(zǒu 걷다)', '奔(bèn 곧장 나아가다)', '飞(fēi 날다)', '通(tōng 통하다)', '跑(pǎo 달리다)', '射(shè 쏘다)'가 있다.

中国走向世界。
Zhōngguó zǒuxiàng shìjiè.
중국은 세계로 도약한다.

通向天堂的阶梯。
Tōngxiàng tiāntáng de jiētī.
천국으로 통하는 계단.

一……就……

'一……就……'는 '~하자마자 ~하다'라는 뜻으로, 두 가지의 일이 연이어 발생했을 때 사용하는 구문이다.

他一说完就走了。
Tā yì shuōwán jiù zǒu le.
그는 말을 마치자마자 가 버렸다.

我一到火车站, 火车就离开了。
Wǒ yí dào huǒchēzhàn, huǒchē jiù líkāi le.
내가 기차역에 도착하자마자 기차가 떠났다.

'~하기만 하면 ~하다'라는 뜻으로도 사용될 수 있다.

一想到考试我就头疼。
Yì xiǎngdào kǎoshì wǒ jiù tóuténg.
시험만 생각하면 나는 머리가 아파요.

他一喝醉就睡觉。
Tā yì hēzuì jiù shuìjiào.
그는 취했다 하면 잠을 자요.

접속사 '万一'

'万一'는 접속사로 쓰여 '만일'이라는 뜻을 나타낸다. 가능성이 희박한 가정을 나타내는데 주로 원치 않는 일을 표현할 때 사용한다.

万一他不来，我们怎么办？
Wànyī tā bù lái, wǒmen zěnme bàn?
만일 그가 안 오면 우리는 어떻게 해요?

万一明天下雪，你去不去？
Wànyī míngtiān xià xuě, nǐ qù bu qù?
만일 내일 눈이 온다면 너 갈 거야?

好不容易

'好不容易'는 '가까스로', '간신히'라는 뜻으로, 어떤 일을 힘들게 이루었음을 나타내는 표현이다. 뒤에 부사 '才'를 써서 어감을 좀 더 강조할 수 있다.

我们一家人**好不容易**聚在一起。
Wǒmen yì jiārén hǎobù róngyì jùzài yìqǐ.
우리 가족이 어렵게 한자리에 모였구나.

他**好不容易**才找到这份工作。
Tā hǎobù róngyì cái zhǎodào zhè fèn gōngzuò.
그는 간신히 이 직장을 구한 거야.

为了……

'为了……'는 '~을 위해'라는 뜻으로 문장 앞에 놓여 목적을 나타낸다. 또한 '……是为了……'의 형식으로 써서 '~한 것은 ~을 위해서이다'라는 뜻을 나타낼 수 있다.

为了学习英语，他去加拿大了。 영어 공부를 하기 위해 그는 캐나다에 갔어요.
Wèile xuéxí Yīngyǔ, tā qù Jiānádà le.

我这么努力**是为了**美好的未来。 내가 이렇게 노력하는 것은 아름다운 미래를 위해서야.
Wǒ zhème nǔlì shì wèile měihǎo de wèilái.

'少'+동사

'少'는 동사 앞에 놓여 '~하지 마라'라는 금지의 뜻을 나타낼 수 있다.

少来这一套！ 이런 식의 수작 부리지 마!
Shǎo lái zhè yí tào!

 이 문장에서 '来'는 '어떤 동작을 하다'라는 뜻이고, '一套'는 '수단', '방법'이라는 뜻으로, '이런 식의 수작은 그만 부려라'라는 뜻을 나타내는 관용적 표현이다.

'少+동사, 多+동사'의 형식으로 써서 '~는 적게 하고, ~는 많이 하라'라는 뜻을 나타내기도 한다.

少说话，**多**做事。
Shǎo shuōhuà, duō zuòshì.
말은 줄이고 일은 많이 하세요.

少喝酒，**多**喝茶。
Shǎo hē jiǔ, duō hē chá.
술은 적게 마시고, 차는 많이 드세요.

새 단어

这边 zhèbiān 이쪽 | 窗户 chuānghu 명 창문 | 阶梯 jiētī 명 계단 | 醉 zuì 동 취하다 | 加拿大 Jiānádà 고유 캐나다 | 未来 wèilái 명 미래

숨겨둔 문장 실력

▶ 바꿔서 말해 보고, 이를 활용해 대화를 나눠 보세요. 🎧 11-04

하나 我们继续向前奋斗吧!

　　　　山顶　　爬
　　　　目标　　前进
　　　　终点线　跑

> 실력 up!
> A 我们继续向前奋斗吧!
> B 加油!

山顶 shāndǐng 산 정상 | 爬 pá 오르다 | 目标 mùbiāo 목표 | 前进 qiánjìn 전진하다 | 终点线 zhōngdiǎn xiàn 결승선 | 跑 pǎo 달리다

둘 我一想到高考就头疼。

　　　看见他　　　生气
　　　着急　　　　出汗
　　　紧张　　　　想上厕所

> 실력 up!
> A 你怎么了?
> B 我一想到高考就头疼。

看见他 kànjiàn tā 그를 보다 | 生气 shēngqì 화내다 | 着急 zháojí 조급해하다 | 出汗 chūhàn 땀이 나다 | 紧张 jǐnzhāng 불안하다 | 想上厕所 xiǎng shàng cèsuǒ 화장실에 가고 싶다

셋 为了美好的新年，大家干一杯!

　　　我们的青春
　　　公司的发展
　　　我们共同的心愿

> 실력 up!
> A 为了美好的新年，大家干一杯!
> B 干杯!

我们的青春 wǒmen de qīngchūn 우리의 청춘 | 公司的发展 gōngsī de fāzhǎn 회사의 발전
我们共同的心愿 wǒmen gòngtóng de xīnyuàn 우리 모두의 소망

단어 플러스

여러 가지 인사 표현

早上好 zǎoshang hǎo 좋은 아침이에요 | 晚安 wǎn'ān 안녕히 주무세요 | 好久不见 hǎojiǔ bújiàn 오랜만이에요 | 恭喜恭喜 gōngxǐ gōngxǐ 축하합니다 | 周末愉快 zhōumò yúkuài 주말 잘 보내세요 | 新年快乐 xīnnián kuàilè 새해 복 많이 받으세요 | 多保重 duō bǎozhòng 건강 유의하세요 | 久仰久仰 jiǔyǎng jiǔyǎng 말씀 많이 들었습니다 | 您过奖了 nín guòjiǎng le 과찬이십니다

나만의 복습 다이어리

오늘 4권의 마지막 과와 마주하니 좀 거창하지만 감개무량하다고 해야 할까?
아쉬움이 절절하지만 끝까지 유종의 미를 거둬 보자고!
11과는 마지막이라 그런지 본문에 새 단어도 많고 어법에 나온 표현들도 좀 어려운 것 같아…… 그래도 이제 중급반으로 올라갈 때가 됐으니 기꺼이 외워주겠어! 어이~ 중국어! 来吧! 컴온!

중요한 어법 몇 개만 추려서 정리해 볼까?
'一……就……' 구문은 '~하자마자 ~하다' 혹은 '~하기만 하면 ~하다'라는 뜻이야. 본문에는 어떻게 쓰였더라?

난 대학 입학 시험만 생각하면 머리가 아파요.　我一想到高考就头疼。 Wǒ yì xiǎngdào gāokǎo jiù tóuténg.

개사 '为了……'는 '~을 위해'라는 뜻으로 목적을 나타낼 때 쓰이는 표현인데, 중국 영화에서 많이 들어 본 것 같아. 특히 술잔을 부딪히면서 하는 대사로 말이야. 이를테면~

우리의 우정을 위해 건배!　　　为了我们的友谊，干杯！ Wèile wǒmen de yǒuyì, gānbēi!

히히, 이 표현은 꼭 외웠다가 써 봐야지!

'少'가 동사 앞에 놓여 금지의 뜻을 나타내기도 하는데, 지난 10과에서 배웠던 '多'의 용법과 같이 세트로 알아두어야겠어. 예문 하나만 들어 보면~

일은 많이 하고 원망은 적게 하라.　　多做事，少抱怨。 Duō zuòshì, shǎo bàoyuàn.

두근거리는 마음으로 1권을 펼쳤을 때가 엊그제 같은데 어느새 4권까지 끝내다니…… 내 자신이 너무 대견한 거 있지! 카이신 중국어 회화 시리즈로 공부하면서 중국어의 기초를 튼튼하게 다진 것 같아 정말 뿌듯해. 그리고 무엇보다 할 수 있다는 자신감이 생겼어!

고마워 카이신 중국어 회화!! 만나서 넘 좋았어!

즉문즉답

Q 선생님, '向他学习'와 '跟他学习'는 어떻게 다른가요?

A 개사 '向'과 '跟'에 따라 의미가 달라진답니다.

앞 문장에서는 '学习'가 '본받다'라는 뜻으로 사용되어 '그를 본받다'로 해석되고, 뒤 문장에서는 '学习'가 '배우다'라는 뜻으로 사용되어 '그에게 배우다'로 해석됩니다. 각 문장의 앞뒤에 좀 더 살을 붙여 볼까요?

大家要向他学习。 Dàjiā yào xiàng tā xuéxí. 모두들 그를 본받아야 해요.
我跟他学习汉语。 Wǒ gēn tā xuéxí Hànyǔ. 나는 그에게 중국어를 배워요.

차근차근 실력 확인

1 잘 듣고 녹음 내용과 일치하는 그림을 골라 보세요. 🎧 11-05

❶ (　　　)　❷ (　　　)　❸ (　　　)　❹ (　　　)

a

b

c

d

2 아래의 보기에서 알맞은 단어를 골라 문장을 완성해 보세요.

| 보기 |　　为了　　关　　万事如意　　奋斗　　和和气气

❶ 我们继续向前＿＿＿＿＿吧！

❷ 每个高中生都得过这一＿＿＿＿＿。

❸ ＿＿＿＿＿美好的新年，大家干一杯！

❹ 天天像今天一样＿＿＿＿＿就好了。

❺ 希望大家在新的一年里，身体健康、＿＿＿＿＿！

3 대화가 완성될 수 있도록 문장을 알맞게 연결해 보세요.

❶ 你明年就要高三了。
　 Nǐ míngnián jiùyào gāo sān le.

❷ 大学快要毕业了。
　 Dàxué kuàiyào bìyè le.

❸ 万一我没考上大学怎么办?
　 Wànyī wǒ méi kǎoshang dàxué zěnme bàn?

❹ 快十二点了。
　 Kuài shí'èr diǎn le.

A 那也没关系。
　 Nà yě méi guānxi.

B 我不怕高三。
　 Wǒ bú pà gāo sān.

C 大家一起来倒计时!
　 Dàjiā yìqǐ lái dàojìshí!

D 我有些舍不得。
　 Wǒ yǒuxiē shěbude.

4 주어진 단어를 어순에 맞게 배열하고, 문장 전체를 해석해 보세요.

❶ 向　窗户　开　外　着

　 문장 : _____。

　 뜻 : _____.

❷ 想到　就　头疼　一　考试

　 문장 : _____。

　 뜻 : _____.

❸ 一　火车　到　我　离开了　就　火车站,

　 문장 : _____。

　 뜻 : _____.

❹ 一家人　聚　我们　一起　好不容易　在

　 문장 : _____。

　 뜻 : _____.

발음·성조 클리닉

당시(唐诗)를 읽으며 발음과 성조를 연습해 보세요.

《望岳》
Wàng yuè

杜甫 Dù Fǔ
(두보, 712~770년)

岱宗夫如何，齐鲁青未了。
Dài zōng fú rú hé, Qí Lǔ qīng wèi liǎo.

造化钟神秀，阴阳割昏晓。
Zào huà zhōng shén xiù, yīn yáng gē hūn xiǎo.

荡胸生层云，决眦入归鸟。
Dàng xiōng shēng céng yún, jué zì rù guī niǎo.

会当凌绝顶，一览众山小。
Huì dāng líng jué dǐng, yī lǎn zhòng shān xiǎo.

대종산은 참으로 웅장하지 않은가
그 푸르름은 제나라, 노나라에 이르러 끝이 없네.
자연의 신령하고 수려한 기운 여기 모이니,
음양이 아침저녁을 갈라놓았네.
끝없는 운해가 펼쳐져 내 가슴도 함께 뛰나니,
눈을 크게 뜨고 둥지로 돌아가는 새를 바라보네.
언젠가는 산 정상에 올라
뭇 산의 작음을 굽어보리라.

간체자와 친해지기

✏️ 획순을 참고해서 간체자를 따라 써 보세요.

继 jì
丶 乡 纟 纟 纟 纠 绊 绊 継 继

续 xù
丶 乡 纟 纟 纩 纩 绮 绮 续 续

聚 jù
一 丆 丌 FF 耳 取 取 聚 聚 聚 聚 聚

望 wàng
丶 亠 亡 切 切 朢 朢 望 望

抱 bào
一 十 扌 扌 扚 扚 拘 抱

怨 yuàn
丿 ク 夕 夗 夗 夗 怨 怨 怨

健 jiàn
丿 亻 亻 亻 亻 亻 亻 伊 健 健

康 kāng
丶 亠 广 户 户 户 庚 庚 康 康

11 为了美好的新年, 干杯! 141

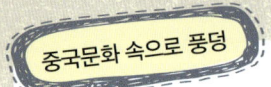

중국의 전통 민간 예술

샹성 (相声 xiàngsheng)

샹성은 중국에서 가장 활성화되어 있는 설창(说唱) 곡예의 한 종류로, 재치 있는 말솜씨로 언어유희를 구사하거나 세상을 풍자하는 내용으로 청중을 울고 웃기는 만담 공연이다. 화북 지방의 민간 설창 곡예에서 시작된 것으로 알려졌으며 대략 청나라에 이르러 독자적인 연출 형식으로 자리 잡았다. 2008년에 국가급 무형 문화유산으로 지정되었다. 샹성은 1인 샹성(单口相声)과 2인 샹성(对口相声)으로 이루어진 공연이 많고 때에 따라 3인 이상이 공연(群口相声)하기도 한다. 샹성 배우가 갖추어야 할 기본 요소로 말하기(说), 흉내 내기(学), 웃기기(逗), 노래하기(唱)가 있다. 현재 궈더강(郭德纲 Guō Dégāng)이 8대 샹성 배우로 큰 인기를 누리고 있다.

그림자 연극 (皮影戏 píyǐngxì)

그림자 연극은 서한(西汉)시기 산시(陕西 Shǎnxī) 지방에서 시작된 인형극의 한 형식으로, 무대 스크린 뒤에서 인형에 조명을 비춰 만들어진 그림자로 이야기를 펼치는 연극이다. 인형은 동물 가죽이나 두꺼운 종이를 이용해 매우 정교하게 만드는데 인형의 머리, 팔, 다리를 따로 분리해 나무 막대기와 선으로 연결하고 연기자가 인형을 움직이며 공연을 진행한다. 연기자는 스크린 뒤에서 인형을 움직이는 동시에 목소리 연기와 노래까지 모두 도맡는다. 그림자 연극의 주제는 역사, 무협, 민간 전설, 사랑 등으로 다양하며 각 지방의 특색이 잘 녹아 있다. 2011년 광둥 성(广东省 Guǎngdōngshěng)의 '루펑 그림자 연극(陆丰皮影 Lùfēng píyǐng)'이 유네스코 인류 무형 문화유산으로 등재되었다.

전지 공예 (剪纸 jiǎnzhǐ)

전지 공예는 약 2,000여 년의 역사를 지닌 중국의 민간 예술로, '종이를 조각하다'라는 뜻의 '각지(刻纸 kèzhǐ)'라는 이름으로 불리기도 한다. 전지 공예는 종이, 금박지, 은박지, 나무 껍질, 나뭇잎, 천, 가죽 등을 이용해 가위로 다양한 문양을 오려 각종 장식이나 도안을 만드는 것을 말한다. 농촌에서는 명절이나 혼례를 치를 때 아름답게 오려진 각종 전지를 창문이나 문에 붙여 경사스러운 분위기를 더한다. 전지의 문양은 인형, 조롱박, 연꽃, 가축, 과일, 물고기, 벌레 등 일상생활에서 자주 볼 수 있는 사물들이며 길상과 액막이의 뜻이 담겨 있다. 다양한 문양의 전지는 중국의 민간 예술을 더욱 풍성하게 해 주는 예술품이며, 2009년 유네스코 인류 무형 문화유산으로 등재되어 그 예술적 가치를 인정받고 있다.

12

复习
fùxí

복습

단어 실력 점프

1 주어진 뜻에 해당하는 단어를 한자로 써 보세요.

① ☐☐ 떼어내다　② ☐☐ 인쇄하다　③ ☐☐ 안경　④ ☐☐ 수고하다

⑤ ☐☐ 점수　⑥ ☐☐ 반지　⑦ ☐☐ 실습하다　⑧ ☐☐ 한턱내다

⑨ ☐ 훔치다　⑩ ☐☐ 건강하다　⑪ ☐☐ 아쉬워하다　⑫ ☐☐ 건배하다

2 알맞은 단어를 골라 빈칸에 써서 문장을 완성해 보세요.

把　　的　　向　　被　　多　　倍　　快

① 我＿＿＿＿那家公司录取了。

② 好吃你就＿＿＿＿吃点儿。

③ 你是在哪儿找到＿＿＿＿？

④ ＿＿＿＿十二点了，大家一起来倒计时！

⑤ 你＿＿＿＿墙上的油画换上世界地图吧。

⑥ 这次成绩比上次提高了一＿＿＿＿。

⑦ 我们继续＿＿＿＿前奋斗吧！

나만의 단어장

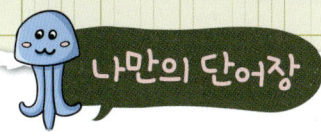

1 그림을 참고하여 빈칸에 가전 제품과 관련된 단어를 써 보세요.

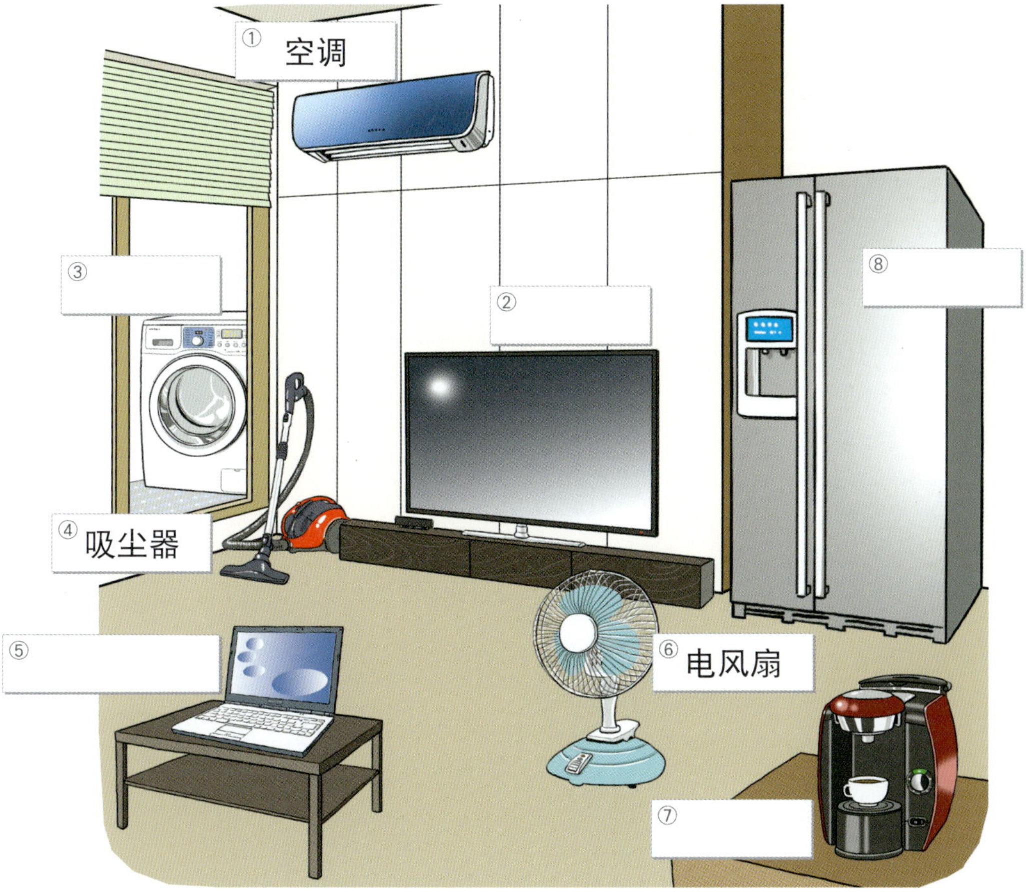

① 空调
②
③
④ 吸尘器
⑤
⑥ 电风扇
⑦
⑧

2 주어진 단어를 보고 한어병음을 알맞게 써 보세요.

① 打开 ________	② 电脑 ________	③ 翻译 ________
④ 奇怪 ________	⑤ 方便 ________	⑥ 椅子 ________
⑦ 情侣 ________	⑧ 然后 ________	⑨ 倒霉 ________
⑩ 继续 ________	⑪ 提高 ________	⑫ 涨价 ________
⑬ 结束 ________	⑭ 过关 ________	⑮ 倒计时 ________

실력 테스트

1-5 잘 듣고 그림과 녹음 내용이 일치하면 O표, 일치하지 않으면 X표를 해 보세요. 🎧 12-01

1  ( )

2  ( )

3  ( )

4  ( )

5 ( )

6 다음 중 '被'자문의 기타성분으로 쓰일 수 없는 보어는?

① 방향보어
② 가능보어
③ 결과보어
④ 동량보어

7 다음 밑줄 친 부분에 들어갈 말로 바르게 묶인 것을 고르세요.

> 我____想到高考____头疼。

① 一边, 一边　② 又, 又
③ 除了, 还　　④ 一, 就

8 다음 중 단어의 어순이 올바른 것을 고르세요.

① 我放把书在桌子上了。
② 我把书放在桌子上了。
③ 我把书在桌子上放了。
④ 我放在桌子上把书了。

9 다음 밑줄 친 부분에 들어갈 말로 알맞은 것을 고르세요.

> ____我们的友谊，干杯!

① 从　　　② 给
③ 为了　　④ 只要

10 괄호 안의 단어가 들어갈 알맞은 위치를 고르세요.

(1) 那个孩子 ① 叫 ② 狗 ③ 咬 ④ 了。(给)

(2) 你 ① 是 ② 在哪儿 ③ 买 ④ 衣服？(的)

(3) 喜欢这里，你 ① 就 ② 住 ③ 几天 ④ 。(多)

11 다음 밑줄 친 부분에 들어갈 말로 알맞은 것을 고르세요.

我把作业交＿＿＿老师了。

① 在　　② 成
③ 完　　④ 给

12 다음 중 '被'자문의 용법이 잘못된 것은?

① 自行车被弟弟骑走了。
② 我又被打了。
③ 我的钱包让偷走了。
④ 我们说的话被小金听见了。

13 다음 밑줄 친 부분에 들어갈 말로 바르게 묶인 것을 고르세요.

＿＿＿说话，＿＿＿做事。

① 少, 多　　② 少, 大
③ 小, 多　　④ 小, 大

14 다음 제시된 단어를 알맞게 넣어 문장을 완성해 보세요.

①百分之　②倍　③第一次

(1) 十五是五的三＿＿＿＿＿＿。

(2) 我＿＿＿＿＿＿吃川菜。

(3) 股票涨了＿＿＿＿＿＿十。

15 다음 중 '是……的' 강조 구문의 용법이 잘못된 것은?

① 他是从日本来的。
② 他是用钢笔写的。
③ 我五点起来的。
④ 那在百货商店买的。

16 다음 밑줄 친 부분에 들어갈 말로 바르게 묶인 것을 고르세요.

姐姐买的衣服＿＿＿好看＿＿＿便宜。

① 再, 再　　② 又, 再
③ 又, 又　　④ 也, 又

17 다음 중 의미상의 피동문이 아닌 것은?

① 信写好了。
② 小狗跑了。
③ 自行车修好了。
④ 矿泉水送来了。

18 다음 중 양사의 중첩형이 쓰이지 않은 것은?

① 他回回都早到。

② 他们个个都很聪明。

③ 我天天练太极拳。

④ 我会好好努力的。

19 다음 중 예문의 해석이 잘못된 것은?

① 同学们差不多都到了。
   학우들이 빠짐없이 모두 도착했어요.

② 他把你的书拿走了。
   그 애가 네 책을 들고 갔어.

③ 好吃你就多吃点儿。
   맛있으면 많이 먹어.

③ 我这么做是为了你好。
   내가 이렇게 하는 건 너를 위해서야.

20 다음 중 '把'자문의 용법이 잘못된 것은?

① 我把可乐喝了。

② 你把手机带着。

③ 我把火车票买过。

④ 她把这篇文章翻译成中文了。

21-24 주어진 단어를 어순에 맞게 배열해 보세요.

21 穿　你　多　衣服　吧　点儿

_____。

22 这些资料　中文　你　把　成　翻译　吧

_____。

23 我们　在一起　吃　一家人　团圆饭，　真好

_____。

24 向　继续　奋斗　我们　前　吧

_____！

25-28 괄호 안에 제시된 표현을 사용해 작문해 보세요.

25 그 책상을 여기로 옮겨 줘. (把，到……来)

_____。

26 우리는 대학 다닐 때 알게 되었어. (是……的)

_____。

27 내 반지를 도둑맞았어. (戒指，被)

_____。

28 이곳의 음식은 모두 정통 광둥 요리야. (道道，粤菜)

_____。

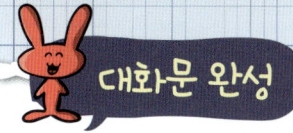

대화문 완성

1-6 그림의 상황을 참고하여 어울리는 대화를 완성해 보세요.

1

A 新买的_____放在哪儿?
B _____它搬_____这里来。

2

A 你们_____什么时候认识_____?
B 我们_____上高中的时候认识_____。

3

A 路上不辛苦吗?
B 不辛苦。高铁_____快_____方便。

4

A 我_____那家公司录取了。
B _____你啊!

5

A 你的数学成绩出来了吗?
B 嗯,这次_____了八十分。

6

A _____美好的新年,干一杯!
B _____!

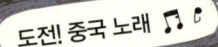

但愿人长久 Dàn yuàn rén chángjiǔ

王菲 Wáng Fēi

明月几时有，把酒问青天
Míngyuè jǐ shí yǒu, bǎ jiǔ wèn qīngtiān

不知天上宫阙，今夕是何年
Bù zhī tiānshàng gōngquè, jīn xī shì hé nián

我欲乘风归去，又恐琼楼玉宇，高处不胜寒
Wǒ yù chéng fēng guīqu, yòu kǒng qióng lóu yù yǔ, gāo chù búshèng hàn

起舞弄清影，何似在人间
Qǐ wǔ nòng qīng yǐng, hé sì zài rénjiān

转朱阁，低绮户，照无眠
Zhuàn zhū gé, dī qǐ hù, zhào wú mián

不应有恨，何事长向别时圆
Bù yīng yǒu hèn, hé shì cháng xiàng bié shí yuán

人有悲欢离合，月有阴晴圆缺，此事古难全
Rén yǒu bēihuānlíhé, yuè yǒu yīn qíng yuán quē, cǐ shì gù nán quán

但愿人长久，千里共婵娟
Dàn yuàn rén chángjiǔ, qiān lǐ gòng chánjuān

달은 언제 떴을까 술잔을 들어 하늘에 물어보네.
하늘나라는 목하 어느 시절인지 궁금하구나.
바람에 실려 돌아가고 싶지만 높은 곳에 있는 궁전에서 한풍을 견딜 수 있을까 주저하네.
달그림자와 어우러져 춤사위를 벌이나니 이것을 어찌 인간 세상이라 하리오.
달빛이 정자를 에워싸고 창가에 낮게 드리워 잠 못 드는 나를 비추고 있구나.
달은 원한 품을 일도 없건만 어찌하여 이별 즈음에 더 둥근 빛을 발하는 것일까.
인간사 만남과 이별이 있고 달이 둥글었다 이지러지는 것처럼 세상사 내 뜻대로 되지는 않지만
부디 아무 탈 없이 멀리에서도 함께 달을 감상할 수 있기를 바랄 뿐이라네.

- 본문 해석
- 정답 및 녹음 대본
- 단어 색인

본문 해석

01 제가 저녁을 대접할게요.

 한여름 더위엔 수박이 최고!

낙 천 오늘 너무 더워 죽겠어요.
장금희 자, 물 좀 마시렴.
낙 천 엄마, 집에 수박 있어요?
장금희 있지. 조금 있다가 수박 먹으며 더위 좀 식혀.

 효심 깊은 착한 딸

송 이 아빠, 엄마, 오늘 제가 저녁 사드릴게요.
김태산 우리 딸 돈 생겼어?
송 이 제가 아르바이트 월급을 받았거든요.
김태산 그래? 그럼 우리도 사양 안 할게.

상황 3 졸업 후 나의 진로는?

민 준 송이야, 너는 왜 유학 안 가니?
송 이 우리 아빠가 내가 유학 가는 걸 허락 안 하셔.
민 준 왜 그러시는데?
송 이 우리 아빠는 여자애 혼자 출국하는 건 안전하지 않다고 생각하시거든.
민 준 어휘! 지금이 어떤 시대인데 아직도 그런 생각을 하신대!
송 이 그래도 어쩔 수 없어.
민 준 그럼 넌 졸업 후에 어떻게 할 건데?
송 이 취업 먼저 해야겠지. 넌?
민 준 나는 이탈리아로 요리 공부하러 가려고 해.
송 이 정말 부럽다!

02 밖에 비가 내리고 있어요.

 밤을 잊은 열공 모드!

김태산 송이 방에 불이 아직 켜져 있는데 아직 안 자나?
장금희 걔는 요즘 정신없이 논문을 쓰고 있어요.
김태산 그래도 안 되지. 애한테 일찍 자라고 해요.
장금희 알겠어요. 내가 가 볼게요.

 비 오는 날엔 향긋한 커피를~

민 준 너 뭐 좀 마실래?
송 이 나는 그냥 커피 마실게.
민 준 밖에 비도 내리고, 이런 날씨에는 커피가 딱이지.
송 이 한번 맡아 봐. 향이 너무 좋아.

상황 3 내 자전거의 행방은?

낙 천 도대체 내 자전거에 날개라도 돋은 거야?
칭 칭 자전거가 네가 싫어졌나 보네?
낙 천 어휘! 신경질 나.
칭 칭 낙천아, 우리 가자.
낙 천 너 먼저 가. 나는 좀 더 찾아볼래.
칭 칭 그만 둬. 너 자전거 없으면 내가 널 태워주면 되잖아.
낙 천 누가 너더러 태워 달라니!
칭 칭 그럼 네가 나 태워주던가.
낙 천 됐어, 나는 집에 걸어갈 거야!

03 걸어가면 좀 멀어요.

 걸어서 강남까지?

여행객 여기서 강남까지 얼마나 먼가요?
송 이 강남은 여기서 다섯 정거장 거리예요.
여행객 우리가 걸어가도 될까요?
송 이 걸어가기엔 좀 멀어요.
여행객 택시 타고 가면 얼마나 걸릴까요?
송 이 안 막히면 7, 8분이면 돼요.

 뒹굴뒹굴 책 보기

장금희 너 항상 누워서 책 보고, 누워서 텔레비전 보면 안 피곤하니?
낙 천 하나도 안 피곤해요.
장금희 앉아서는 책 못 봐?
낙 천 엄마, 전 앉아서 책을 보면 허리가 아파요.

 친구에서 연인으로

송 이 왜 그래?
민 준 김송이는?
송 이 뭐라는 거야!
민 준 오늘 무슨 일 있었니? 왜 갑자기 미녀로 변신했어?
송 이 됐거든.
민 준 네가 오늘 너무 예뻐서 내가 어질어질할 지경이다!
송 이 나 이런 스타일도 어울려?
민 준 정말이지 잡지 표지를 뚫고 나온 것 같다니까.
송 이 너도 참 과장이 너무 심하다.
민 준 아니라니까. 진심이라고.

04 그는 나보다 두 살 어려.

 알다가도 모를 그녀의 마음

민 준 너 전보다 많이 말랐다.
송 이 나 요즘 다이어트 중이거든. 지난달보다 3kg 빠졌어.
민 준 안 그래도 말랐는데 무슨 살을 뺀다는 거야?
송 이 아이참! 남자는 영원히 여자 마음을 모른다니까.

 취향까지 닮은 우리는 친구!

칭 칭 이것 좀 봐, 네 운동화가 내 거랑 똑같아.
낙 천 우리 둘 운동화가 진짜 똑같네.
칭 칭 너도 인터넷으로 샀어?
낙 천 서로 텔레파시가 통했나 봐.

 연상연하 커플

송 이 전주야, 네 남자친구는 너보다 몇 살 많아?
전 주 그는 나보다 나이 많지 않아. 두 살 적어.
송 이 너희들 '연상연하 커플'이야?
전 주 응.
송 이 그 사람이 너를 얼마나 따라다닌 거야?
전 주 1년 반 동안 따라다녔어.
송 이 너는 그 사람의 어디가 좋은데?
전 주 나는 그 사람이 의리 있고 자상해서 좋아.
송 이 나는 너희 두 사람이 잘 어울리는 것 같아.
전 주 그렇지? 나도 그렇게 생각해.

05 백설 공주처럼 예뻐.

 상황 1 축구가 없으면 무슨 재미

김태산 어제 어느 팀이 이겼니?
낙 천 브라질 팀이 우승했어요.
김태산 그래? 그런데 평소에는 브라질 팀이 독일 팀만 못하던데.
낙 천 아니에요. 브라질 팀도 독일 팀 못지 않아요.

 상황 2 좋은 약은 입에 쓴 법

낙 천 엄마, 이 약 너무 써요!
장금희 좋은 약은 입에 쓴 거란다.
낙 천 이 약 다 먹으면 제 감기가 나을까요?
장금희 그럴 거야. 네가 제때에 잘 맞춰 먹는다면 말이지.

 상황 3 첫눈 오는 날, 너와 나의 추억 만들기

송 이 아이고! 얼어 죽겠네!
민 준 겨울이잖아. 날씨가 갈수록 추워지고 있어.
송 이 만약에 겨울이 안 춥다면 좋을 텐데.
민 준 하하. 안 추우면 그게 무슨 겨울이겠어?
        어! 저것 봐, 눈 온다!
송 이 왜! 첫눈이다!
민 준 너 저기 서 봐. 내가 사진 찍어 줄게.
송 이 그래.
민 준 너 눈밭에 서 있으니까 백설 공주처럼 예쁘다.
송 이 됐네요, 왕자님.
민 준 공주님, 자, 여기 보시고. 하나, 둘, 셋!

07 이걸 너에게 주고 싶어.

상황 1 로마행 항공권이 생긴다면?

민 준 이거 너한테 주고 싶은데, 얼른 열어 봐.
송 이 에! 이탈리아로 가는 비행기 표?
민 준 송이야, 우리 같이 이탈리아에 갈까?
송 이 너 우선 진정하고, 내가 생각 좀 해 볼게.

상황 2 집 단장을 합시다

장금희 벽에 걸어놓은 유화를 떼어내고, 세계 지도로 바꿔 주시고요.
김태산 새로 산 소파는 어디에 놓지?
장금희 그건 여기로 옮겨 주세요.
김태산 컴퓨터는? 송이 방에 놓을까?
장금희 네. 그렇게 하면 거의 다 된 것 같아요.

 상황 3 사장님의 일상 엿보기

김태산 이 자료들 중국어로 번역 좀 해 줄래요?
왕 비서 알겠습니다.
김태산 번역하고 나서 인쇄해 주고요, 여섯 부.
왕 비서 네. 참, 한 서기님한테 전화 왔었어요.
김태산 뭐라고 하시던가요?
왕 비서 서기님이 계약서를 사장님께 보내셨다는데요.
김태산 오, 좋은 소식이군!
왕 비서 그리고 한 서기님이 사장님한테 전화해 달라고 하셨어요.
김태산 알았어요. 일 봐요.

08 우리는 기차를 타고 왔어요.

 엄마의 첫사랑 이야기

낙   천 엄마, 엄마와 아빠는 언제 알게 되신 거예요?
장금희 우리는 고등학교 다닐 때 알았단다.
낙   천 아빠가 엄마의 첫사랑이에요?
장금희 그래. 네 아빠가 내 첫사랑이야.

상황 2 내 물건에 발이 달렸나?

장금희 여보, 당신 안경 찾았어요.
김태산 어디서 찾은 거야?
장금희 의자 밑에 있던데요.
김태산 이상하네. 어제 나는 한참을 찾아도 못 찾았는데 말이야.

상황 3 할아버지, 할머니 어서 오세요!

송   이 할아버지, 할머니 두 분은 어떻게 오신 거예요?
할아버지 우리는 기차를 타고 왔단다.
송   이 엄마가 마중 나간 거예요?
할아버지 그래. 네 엄마가 우리를 마중 나왔단다.
송   이 할아버지, 오시느라 고생하셨죠?
할아버지 고생은. 요새는 고속 열차를 타면 빠르기도 하고 편하단다.
송   이 할아버지, 지난번에 수술하신 오른쪽 다리는 다 나으셨어요?
할아버지 벌써 나았단다. 송이야, 네 동생은 어디 갔니?
송   이 친구 집에 갔는데요. 금방 올 거예요.

09 내 반지를 도둑맞았어.

 사라진 반지는 어디에?

전 주 오늘 정말 재수가 없어. 반지를 도둑맞았지 뭐야.
송 이 무슨 반지? 커플링?
전 주 응. 그거 말이야.
송 이 그럼 어떡해?
전 주 CCTV를 확인해 보려고.

 쇼핑은 언제나 즐거워!

장금희 생수는 배달되었니?
낙   천 벌써 배달되었어요.
장금희 김치 냉장고는?
낙   천 택배 회사에서 전화 왔는데 오후에 배송한대요.

 취업 전쟁에서 승리하다

송   이 엄마, 저 그 회사에 채용되었어요.
장금희 송이야, 축하한다!
송   이 고마워요 엄마!
장금희 엄마는 네가 채용될 거라 믿고 있었단다.
송   이 이번에 저 혼자만 채용됐대요.
장금희 그래? 그럼 언제부터 출근하는 거니?
송   이 다음 달부터 우선 3개월 동안 실습해요.
장금희 그런 다음에 정식 직원이 되는 거야?
송   이 네, 그럴 것 같아요.

10 내 것은 30% 올랐어요.

 먹는 게 남는 법!

장금희 여기 음식이 모두 정통 광둥 요리네.
낙 천 엄마, 저는 광둥 요리를 처음 먹는데, 너무 맛있어요.
장금희 맛있으면 많이 먹으렴.

 주식에 울고 주식에 웃고

이 사장 김 사장이 투자한 주식 올랐어요?
김태산 요즘 상승세라 제 것도 30% 올랐네요.
이 사장 돈 버셨네요! 한턱 쏘세요!
김태산 네, 그러죠!

 난 한다면 하는 사람

장금희 낙천아, 네 수학 성적 나왔니?
낙 천 네. 이번 성적은 지난번보다 많이 올랐어요.
장금희 두 배 올랐어?
낙 천 네. 80점 받았어요.
장금희 아들, 엄마는 네가 이렇게 잘 볼 줄 몰랐는데.
낙 천 엄마, 제가 열심히 공부할 거라고 말씀드렸었잖아요.
장금희 착한 아들, 엄마는 네가 자랑스럽구나.
낙 천 엄마, 앞으로 더 노력할게요.
장금희 그래. 우리 낙천이 정말 최고다!

11 멋진 새해를 위해 건배!

 졸업은 끝이 아닌 새로운 시작

송 이 졸업이 가까워지니까, 좀 아쉬워지네.
민 준 졸업은 결코 끝이 아니라 새로운 시작이잖아.
송 이 맞아! 우리 계속 앞을 향해 분투하자고!
민 준 파이팅!

 고3 수험생에 임하는 자세

장금희 낙천이가 내년에 고3이 되는구나.
낙 천 엄마, 저는 고3은 안 무서운데, 대학 입학 시험만 생각하면 머리가 아파요.
장금희 고등학생이면 다 거쳐야 하는 거니까. 너무 고민하진 말고.
낙 천 엄마, 만약에 제가 대학에 못 붙으면 어떻게 하죠?
장금희 그래도 괜찮아. 대학 입학 시험이 인생의 전부는 아니니까.

 희망찬 새해를 맞이하며 건배!

할아버지 오늘 모두가 모처럼 한자리에 모이니 아주 기쁘구나.
할 머 니 온 가족이 함께 모여 식사를 하니 정말 흐뭇하네.
김 태 산 모두들 새해에는 건강하고 원하는 일 이루기를 바라요!
장 금 희 자! 멋진 새해를 위해, 다 같이 건배!
온 가 족 건배!
송 이 매일 오늘처럼 화기애애한 분위기면 좋겠어요.
낙 천 앞으로는 우리 일은 많이 하고 원망은 적게 하자고요.
할 머 니 하하. 우리 낙천이가 참 많이 컸구나!
할아버지 그래. 우리 모두 낙천이 말대로 하자꾸나.
송 이 12시가 다 되어가요. 다 같이 카운트다운해요!
온 가 족 5, 4, 3, 2, 1, 새해 복 많이 받으세요!

정답 및 녹음 대본

01 我请你吃晚饭。

차근차근 실력 확인

1 ① c ② b ③ a ④ d

[녹음 대본]

① 喝点儿水，凉快凉快吧。
　　Hē diǎnr shuǐ, liángkuai liángkuai ba.

② 我想去意大利学做菜。
　　Wǒ xiǎng qù Yìdàlì xué zuò cài.

③ 我拿到了打工的薪水。
　　Wǒ nádàole dǎgōng de xīnshui.

④ 今天热得真让人受不了。
　　Jīntiān rè de zhēn ràng rén shòu bu liǎo.

2 ① 受不了   ② 请   ③ 认为
　　④ 打算   ⑤ 羡慕

3 ① B ② C ③ A ④ D

4 ① 爸爸做的菜可好吃了。
　　아빠가 만드신 요리는 정말 맛있어요.

② 老师叫我们说汉语。
　　선생님은 우리한테 중국어를 하라고 하셨어요.

③ 我爸爸不让我出国留学。
　　아빠가 해외 유학을 못 가게 하셔.

④ 都什么年代了，还这么想啊！
　　지금이 어떤 시대인데 아직도 그런 생각을 하신대!

02 外边正下着雨。

차근차근 실력 확인

1 ① b ② d ③ a ④ c

[녹음 대본]

① 我还是喝咖啡吧。
　　Wǒ háishi hē kāfēi ba.

② 外边正下着雨。
　　Wàibian zhèng xiàzhe yǔ.

③ 教室的灯还亮着。
　　Jiàoshì de dēng hái liàngzhe.

④ 她最近在没日没夜地写论文。
　　Tā zuìjìn zài méirìméiyè de xiě lùnwén.

2 ① 房间   ② 没日没夜   ③ 适合
　　④ 难道   ⑤ 要

3 ① D ② C ③ B ④ A

4 ① 我正在学校门口等着你呢。
　　나는 학교 앞에서 너를 기다리고 있어.

② 他还在教室学习。
　　그는 아직도 교실에서 공부하고 있어.

③ 老师要我回宿舍休息。
　　선생님께서 나보고 기숙사에 돌아가 쉬라고
　　하셨어요.

④ 孩子们高高兴兴地玩儿。
　　아이들이 즐겁게 놀아요.

03 走着去有点儿远。

차근차근 실력 확인

1 ① b   ② c   ③ a   ④ d

[녹음 대본]
① 我坐着看书就腰疼。
　　Wǒ zuòzhe kàn shū jiù yāo téng.
② 你今天漂漂亮亮的，我有点儿晕。
　　Nǐ jīntiān piàopiaoliàngliàng de, wǒ yǒudiǎnr yūn.
③ 江南离这儿有五站路。
　　Jiāngnán lí zhèr yǒu wǔ zhàn lù.
④ 打的去的话，只需要七八分钟。
　　Dǎdī qù dehuà, zhǐ xūyào qī bā fēnzhōng.

2 ① 如果   ② 老   ③ 突然
　 ④ 简直   ⑤ 夸张

3 ① B   ② A   ③ D   ④ C

4 ① 打的去的话，需要十分钟。
　　택시를 타고 가면 10분 걸려요.
　 ② 我们喝着咖啡聊天儿。
　　우리는 커피를 마시며 수다를 떨어요.
　 ③ 我看得清清楚楚的。
　　내가 아주 똑똑히 봤어.
　 ④ 你们来得太突然了。
　　너희들은 너무 갑작스럽게 왔어.

04 他比我小两岁。

차근차근 실력 확인

1 ① c   ② a   ③ b   ④ d

[녹음 대본]
① 我比上个月瘦了很多。
　　Wǒ bǐ shàng ge yuè shòule hěn duō.
② 他比我小两岁。
　　Tā bǐ wǒ xiǎo liǎng suì.
③ 我们俩的运动鞋一模一样。
　　Wǒmen liǎ de yùndòngxié yìmúyíyàng.
④ 我觉得他们俩很般配。
　　Wǒ juéde tāmen liǎ hěn bānpèi.

2 ① 减轻   ② 永远   ③ 心有灵犀
　 ④ 没有   ⑤ 觉得

3 ① B   ② C   ③ D   ④ A

4 ① 我弟弟比我小两岁。
　　내 남동생은 나보다 두 살 어려요.
　 ② 爷爷的病比以前好多了。
　　할아버지의 병이 전보다 많이 좋아졌어요.
　 ③ 你的运动鞋跟我一样。
　　네 운동화가 내 것과 똑같애.
　 ④ 我的成绩没有你那么好。
　　내 성적은 너처럼 그렇게 좋지 않아.

05 像白雪公主一样漂亮。

차근차근 실력 확인

1 ① d   ② a   ③ b   ④ c

[녹음 대본]

① 巴西队得了冠军。
　　Bāxī duì déle guànjūn.

② 哎呀，冻死我了!
　　Āiyā, dòng sǐ wǒ le!

③ 你看，下雪了!
　　Nǐ kàn, xià xuě le!

④ 你站在那儿吧，我给你照相。
　　Nǐ zhànzài nàr ba, wǒ gěi nǐ zhàoxiàng.

2 ① 不如   ② 只要   ③ 越来越
　④ 照相   ⑤ 像

3 ① C   ② D   ③ B   ④ A

4 ① 骑自行车不如坐车快。
　　자전거를 타는 것은 차를 타는 것만큼 빠르지 않아요.

② 只要努力，就能成功。
　　노력하기만 하면 성공할 수 있어요.

③ 我越到月底越忙。
　　나는 월말로 갈수록 바빠요.

④ 我女儿像我这么聪明。
　　우리 딸은 나처럼 똑똑해요.

06 复习

단어 실력 점프

1 ① 羡慕   ② 亮   ③ 留学   ④ 咖啡
　⑤ 打的   ⑥ 躺   ⑦ 运动鞋   ⑧ 减肥
　⑨ 难道   ⑩ 苦   ⑪ 姐弟恋   ⑫ 像

2 ① 今天我请你们吃晚饭。
　② 冬天了，天气越来越冷了。
　③ 房间的灯还亮着，她还没睡呢?
　④ 我比上个月减轻了六斤。
　⑤ 如果不堵车，只需要七八分钟。
　⑥ 你的运动鞋跟我一样。
　⑦ 巴西队踢得不如德国队好。

나만의 단어장

1 ① 香蕉   ② 苹果   ③ 橘子
　④ 桃   ⑤ 葡萄   ⑥ 草莓
　⑦ 甜瓜   ⑧ 西瓜   ⑨ 菠萝

2 ① tūrán   ② dǎgōng   ③ chūxuě
　④ bìyè   ⑤ zhàoxiàng ⑥ yǒngyuǎn
　⑦ xiāng   ⑧ dǎban   ⑨ kuāzhāng
　⑩ shòu   ⑪ fángjiān ⑫ xīnshui
　⑬ dòng   ⑭ tǐtiē   ⑮ chìbǎng

실력 테스트

1 X   2 O   3 O
4 X   5 O   6 ④
7 ③   8 ④   9 ④
10 ①   11 ②   12 ③
13 ④   14 ②
15 (1) 一点儿 (2) 有点儿 (3) 点儿   16 ③
17 ①   18 ③   19 ②   20 ④
21 我请你们吃晚饭。
22 走着去有点儿远。

23 只要努力，就能成功。
24 你像花一样好看。
25 我爸爸不让我出国留学。
26 今天有昨天那么热。
27 弟弟喜欢躺着看书。
28 我比男朋友大三岁。

녹음 대본 (1~5번)

1 今天热得真让人受不了。
 Jīntiān rè de zhēn ràng rén shòu bu liǎo.

2 教室的灯还亮着。
 Jiàoshì de dēng hái liàngzhe.

3 弟弟躺着看书。
 Dìdi tǎngzhe kàn shū.

4 她比以前瘦了很多。
 Tā bǐ yǐqián shòule hěn duō.

5 骑自行车不如坐车快。
 Qí zìxíngchē bùrú zuò chē kuài.

대화문 완성

1 A 今天热得真让人受不了。
 B 来，喝点儿水。

2 A 松怡房间的灯还亮着，她还没睡呢?
 B 她最近在没日没夜地写论文。

3 A 你老躺着看书，累不累?
 B 我一点儿都不累。

4 A 你的运动鞋跟我一样。
 B 我们的运动鞋真一模一样。

5 A 你男朋友比你大几岁?
 B 他没有我大，他比我小两岁。

6 A 我的感冒会好起来吗?
 B 只要按时吃药，就会。

07 我想把这个给你。

차근차근 실력 확인

1 ① b ② d ③ a ④ c

[녹음 대본]

① 我想把这个给你。
 Wǒ xiǎng bǎ zhège gěi nǐ.

② 你把墙上的油画摘下来。
 Nǐ bǎ qiáng shang de yóuhuà zhāi xiàlai.

③ 你把这些资料打印一下。
 Nǐ bǎ zhèxiē zīliào dǎyìn yíxià.

④ 他把电视机搬到房间里去。
 Tā bǎ diànshìjī bāndào fángjiān li qu.

2 ① 着急 ② 过 ③ 差不多
 ④ 翻译 ⑤ 发

3 ① D ② C ③ A ④ B

4 ① 你把电脑搬到这里来。
 컴퓨터를 이쪽으로 옮겨 와.
 ② 新买的沙发放在哪儿?
 새로 산 소파는 어디에 놓을까요?
 ③ 他来这儿差不多两年了。
 그는 여기에 온 지 2년이 되어가.
 ④ 你可以把这些资料拿走。
 이 자료를 가져가도 돼.

08 我们是坐火车来的。

차근차근 실력 확인

1 ① b   ② d   ③ c   ④ a

[녹음 대본]

① 我们是上高中的时候认识的。
Wǒmen shì shàng gāozhōng de shíhou rènshi de.

② 你的眼镜是在椅子底下找到的。
Nǐ de yǎnjìng shì zài yǐzi dǐxia zhǎodào de.

③ 我们是坐火车来的。
Wǒmen shì zuò huǒchē lái de.

④ 爸爸过来接我们的。
Bàba guòlai jiē wǒmen de.

2 ① 初恋   ② 的时候   ③ 奇怪
   ④ 方便   ⑤ 动

3 ① C   ② D   ③ A   ④ B

4 ① 我是2016年毕业的。
    나는 2016년에 졸업했어요.

   ② 那时候我还小，什么都不懂。
    그때 나는 아직 어려서 아무것도 몰랐어.

   ③ 他不是一个人来的。
    그는 혼자 오지 않았어요.

   ④ 这个孩子又可爱又聪明。/
    这个孩子又聪明又可爱。
    이 아이는 귀여우면서 똑똑해. /
    이 아이는 똑똑하면서 귀여워.

09 我的戒指被偷了。

차근차근 실력 확인

1 ① c   ② b   ③ a   ④ d

[녹음 대본]

① 矿泉水送来了。
Kuàngquánshuǐ sònglai le.

② 我的戒指被偷了。
Wǒ de jièzhi bèi tōu le.

③ 我想去查监控器。
Wǒ xiǎng qù chá jiānkòngqì.

④ 我被那家公司录取了。
Wǒ bèi nà jiā gōngsī lùqǔ le.

2 ① 送货   ② 倒霉   ③ 被
   ④ 实习   ⑤ 正式

3 ① B   ② D   ③ A   ④ C

4 ① 我被那家公司录取了。
    나는 그 회사에 채용되었어요.

   ② 教室被他们打扫得很干净。
    교실은 그들이 깨끗이 청소했어요.

   ③ 我的钱包被偷走了。
    내 지갑을 도둑맞았어요.

   ④ 你先看看然后买。
    너는 먼저 본 다음에 사도록 해.

10 我的涨了百分之三十。

차근차근 실력 확인

1 ① a   ② d   ③ b   ④ c

[녹음 대본]

① 我第一次吃粤菜，好吃极了。
　　Wǒ dì yī-cì chī Yuècài, hǎochī jí le.

② 我的股票涨了百分之三十。
　　Wǒ de gǔpiào zhǎngle bǎi fēnzhī sānshí.

③ 这次考试得了八十分。
　　Zhè cì kǎoshì déle bāshí fēn.

④ 我的成绩提高了一倍。
　　Wǒ de chéngjì tígāole yí bèi.

2 ① 道道   ② 炒   ③ 牛市
　　④ 百分之   ⑤ 骄傲

3 ① D   ② A   ③ B   ④ C

4 ① 我们班的同学个个都很聪明。
　　　우리 반 친구들은 모두 다 똑똑해요.

　　② 天冷了，你就多穿点儿衣服吧。
　　　날이 추워졌으니 옷을 좀 더 입으렴.

　　③ 这次成绩比上次提高了很多。
　　　이번 성적은 지난번보다 많이 올랐어요.

　　④ 没想到你考得这么好。
　　　네가 이렇게 시험을 잘 볼지 생각도 못 했어.

11 为了美好的新年，干杯！

차근차근 실력 확인

1 ① d   ② a   ③ b   ④ c

[녹음 대본]

① 大学快要毕业了。
　　Dàxué kuàiyào bìyè le.

② 我一想到高考就头疼。
　　Wǒ yì xiǎngdào gāokǎo jiù tóuténg.

③ 我们一家人在一起吃团圆饭，真好。
　　Wǒmen yì jiārén zài yìqǐ chī tuányuánfàn, zhēn hǎo.

④ 快十二点了，大家一起来倒计时！
　　Kuài shí'èr diǎn le, dàjiā yìqǐ lái dàojìshí!

2 ① 奋斗   ② 关   ③ 为了
　　④ 和和气气   ⑤ 万事如意

3 ① B   ② D   ③ A   ④ C

4 ① 窗户向外开着。
　　　창문이 밖으로 열려 있어요.

　　② 一想到考试就头疼。
　　　시험만 생각하면 머리가 아파요.

　　③ 我一到火车站，火车就离开了。
　　　기차역에 도착하자마자 기차가 떠났어요.

　　④ 我们一家人好不容易聚在一起。
　　　우리 가족이 어렵게 한자리에 모였어.

12 复习

단어 실력 점프

1. ① 摘　② 打印　③ 眼镜　④ 辛苦
   ⑤ 分　⑥ 戒指　⑦ 实习　⑧ 请客
   ⑨ 偷　⑩ 健康　⑪ 舍不得　⑫ 干杯

2. ① 我被那家公司录取了。
   ② 好吃你就多吃点儿。
   ③ 你是在哪儿找到的?
   ④ 快十二点了，大家一起来倒计时!
   ⑤ 你把墙上的油画换上世界地图吧。
   ⑥ 这次成绩比上次提高了一倍。
   ⑦ 我们继续向前奋斗吧!

나만의 단어장

1. ① 空调　② 电视(机)　③ 洗衣机
   ④ 吸尘器　⑤ 笔记本电脑　⑥ 电风扇
   ⑦ 咖啡机　⑧ 冰箱

2. ① dǎkāi　② diànnǎo　③ fānyì
   ④ qíguài　⑤ fāngbiàn　⑥ yǐzi
   ⑦ qínglǚ　⑧ ránhòu　⑨ dǎoméi
   ⑩ jìxù　⑪ tígāo　⑫ zhǎngjià
   ⑬ jiéshù　⑭ guòguān　⑮ dàojìshí

실력 테스트

1. O　2. X　3. X
4. O　5. O　6. ②
7. ④　8. ②　9. ③
10. (1) ③　(2) ④　(3) ②　11. ④
12. ③　13. ①　14. (1) ②　(2) ③　(3) ①
15. ④　16. ③　17. ②
18. ④　19. ①　20. ③
21. 你多穿点儿衣服吧。
22. 你把这些资料翻译成中文吧。
23. 我们一家人在一起吃团圆饭，真好。
24. 我们继续向前奋斗吧!
25. 把那个桌子搬到这里来。
26. 我们是上大学的时候认识的。
27. 我的戒指被偷了。
28. 这里的菜道道都是正宗粤菜。

녹음 대본 (1~5번)

1. 他把电视机搬到房间里去。
   Tā bǎ diànshìjī bāndào fángjiān li qu.

2. 我们是坐火车来的。
   Wǒmen shì zuò huǒchē lái de.

3. 我的戒指被偷了。
   Wǒ de jièzhi bèi tōu le.

4. 我的股票涨了百分之三十。
   Wǒ de gǔpiào zhǎngle bǎi fēnzhī sānshí.

5. 我一想到高考就头疼。
   Wǒ yì xiǎngdào gāokǎo jiù tóuténg.

대화문 완성

1. A 新买的沙发放在哪儿?
   B 把它搬到这里来。
2. A 你们是什么时候认识的?
   B 我们是上高中的时候认识的。
3. A 路上不辛苦吗?
   B 不辛苦。高铁又快又方便。
4. A 我被那家公司录取了。
   B 恭喜你啊!
5. A 你的数学成绩出来了吗?
   B 嗯，这次得了八十分。
6. A 为了美好的新年，干一杯!
   B 干杯!

단어 색인

| 단어 | 한어병음 | 페이지(해당 과) |

A

安全　ānquán　17(1)
按时　ànshí　64(5)

B

巴西　Bāxī　64(5)
把　bǎ　84(7)
白雪公主　Báixuě gōngzhǔ　65(5)
搬　bān　84(7)
般配　bānpèi　53(4)
办　bàn　108(9)
办法　bànfǎ　17(1)
抱怨　bàoyuàn　133(11)
被　bèi　108(9)
倍　bèi　121(10)
蹦　bèng　41(3)
比　bǐ　52(4)
毕业　bìyè　17(1)
变　biàn　41(3)
别　bié　84(7)
并　bìng　132(11)
不要　búyào　84(7)
不如　bùrú　64(5)

C

查　chá　108(9)
差　chà　64(5)
差不多　chàbuduō　84(7)
炒　chǎo　120(10)
炒股票　chǎo gǔpiào　120(10)
成　chéng　85(7)
成绩　chéngjì　121(10)
翅膀　chìbǎng　29(2)
出国　chūguó　17(1)
初恋　chūliàn　96(8)
出事　chūshì　41(3)
初雪　chūxuě　65(5)

D

打扮　dǎban　41(3)
打的　dǎdī　40(3)
打工　dǎgōng　16(1)
打开　dǎkāi　84(7)
打印　dǎyìn　85(7)
大家　dàjiā　133(11)
倒霉　dǎoméi　108(9)
道　dào　120(10)
倒计时　dàojìshí　133(11)
得　dé　64(5)
德国　Déguó　64(5)
得了　déle　65(5)
地　de　28(2)
的话　dehuà　40(3)
灯　dēng　28(2)
底下　dǐxia　96(8)
第　dì　120(10)
地理　dìlǐ　121(10)
电脑　diànnǎo　84(7)
懂　dǒng　52(4)
冻　dòng　65(5)
动手术　dòng shǒushù　97(8)
队　duì　64(5)

F

发　fā　85(7)
发财　fācái　16(1)
翻译　fānyì　85(7)
方便　fāngbiàn　97(8)
房间　fángjiān　28(2)
放　fàng　84(7)
分　fēn　121(10)
……分之……　fēnzhī……　120(10)
份　fèn　85(7)
奋斗　fèndòu　132(11)

164

封面 fēngmiàn		41(3)

G

干杯 gānbēi		133(11)
感到 gǎndào		121(10)
高考 gāokǎo		132(11)
高三 gāo sān		132(11)
高铁 gāotiě		97(8)
高兴 gāoxìng		133(11)
更加 gèngjiā		121(10)
恭喜 gōngxǐ		109(9)
股票 gǔpiào		120(10)
冠军 guànjūn		64(5)
过关 guòguān		132(11)

H

哈哈 hāhā		65(5)
咳 hāi		29(2)
还是 háishi		28(2)
孩子 háizi		17(1)
韩 Hán		85(7)
好不容易 hǎobù róngyì		133(11)
和气 héqi		133(11)
合同 hétong		85(7)
火车 huǒchē		97(8)
货 huò		108(9)

J

机票 jī piào		84(7)
继续 jìxù		132(11)
加油 jiāyóu		132(11)
监控器 jiānkòngqì		108(9)
减肥 jiǎnféi		52(4)
减轻 jiǎnqīng		52(4)
简直 jiǎnzhí		41(3)
健康 jiànkāng		133(11)
江南 Jiāngnán		40(3)
骄傲 jiāo'ào		121(10)

叫 jiào		28(2)
结束 jiéshù		132(11)
姐弟恋 jiě dì liàn		53(4)
戒指 jièzhi		108(9)
近 jìn		40(3)
聚 jù		133(11)

K

咖啡 kāfēi		28(2)
科学 kēxué		121(10)
可是 kěshì		132(11)
苦 kǔ		64(5), 120(10)
夸张 kuāzhāng		41(3)
快递公司 kuàidì gōngsī		108(9)
快要 kuàiyào		132(11)
矿泉水 kuàngquánshuǐ		108(9)

L

辣 là		120(10)
老 lǎo		40(3)
历史 lìshǐ		121(10)
凉快 liángkuai		16(1)
良药苦口 liángyào kǔkǒu		64(5)
亮 liàng		28(2)
留学 liúxué		17(1)
录取 lùqǔ		109(9)
论文 lùnwén		28(2)

M

忙 máng		85(7)
美女 měinǚ		41(3)
没日没夜 méirìméiyè		28(2)
每 měi		132(11)
美好 měihǎo		133(11)
明年 míngnián		132(11)

N

奶奶	nǎinai	97(8)
难道	nándào	29(2)
嗯	ǹg	108(9)
年代	niándài	17(1)
牛市	niúshì	120(10)

O

| 哦 | ò | 85(7) |

P

| 泡菜冰箱 | pàocài bīngxiāng | 108(9) |

Q

奇怪	qíguài	96(8)
气	qì	29(2)
墙	qiáng	84(7)
情侣	qínglǚ	108(9)
请	qǐng	16(1)
请客	qǐngkè	120(10)
去你的	qù nǐ de	41(3)
全部	quánbù	132(11)
全家人	quán jiārén	133(11)

R

然后	ránhòu	109(9)
让	ràng	16(1)
人生	rénshēng	132(11)
认识	rènshi	96(8)
认为	rènwéi	17(1)
如果	rúguǒ	40(3)
入境	rùjìng	17(1)

S

涩	sè	120(10)
沙发	shāfā	84(7)
傻瓜	shǎguā	41(3)
上	shàng	96(8)
上班	shàngbān	109(9)
少	shǎo	133(11)
舍不得	shěbude	132(11)
实习	shíxí	109(9)
适合	shìhé	28(2)
世界地图	shìjiè dìtú	84(7)
手术	shǒushù	97(8)
受	shòu	16(1)
瘦	shòu	52(4)
书记	shūjì	85(7)
数学	shùxué	121(10)
睡	shuì	28(2)
死	sǐ	29(2)
酸	suān	120(10)
算	suàn	29(2)
算了	suàn le	29(2)

T

躺	tǎng	40(3)
疼	téng	40(3)
踢	tī	64(5)
踢足球	tī zúqiú	64(5)
提高	tígāo	121(10)
体贴	tǐtiē	53(4)
体育	tǐyù	121(10)
天气	tiānqì	28(2)
甜	tián	64(5), 120(10)
偷	tōu	108(9)
头疼	tóuténg	132(11)
突然	tūrán	41(3)
团圆饭	tuányuánfàn	133(11)

W

万事如意	wànshì rúyì	133(11)
万一	wànyī	132(11)
王子	wángzǐ	65(5)

网上	wǎng shang	52(4)
为了	wèile	133(11)
闻	wén	28(2)

X

西瓜	xīguā	16(1)
希望	xīwàng	133(11)
下雪	xià xuě	65(5)
咸	xián	120(10)
羡慕	xiànmù	17(1)
香	xiāng	28(2)
想	xiǎng	53(4)
向	xiàng	132(11)
像	xiàng	41(3)
像……一样	xiàng……yíyàng	65(5)
消息	xiāoxi	85(7)
心	xīn	52(4)
新	xīn	84(7)
辛苦	xīnkǔ	97(8)
新年	xīnnián	133(11)
新年快乐	xīnnián kuàilè	133(11)
薪水	xīnshui	16(1)
心有灵犀	xīnyǒulíngxī	52(4)
熊市	xióngshì	120(10)
需要	xūyào	40(3)
雪地	xuě dì	65(5)

Y

眼镜	yǎnjìng	96(8)
腰	yāo	40(3)
要	yào	29(2)
药	yào	64(5)
要是	yàoshi	65(5)
爷爷	yéye	97(8)
姨	yí	65(5)
一样	yíyàng	52(4)
以后	yǐhòu	121(10)
以前	yǐqián	52(4)
椅子	yǐzi	96(8)

意大利	Yìdàlì	17(1)
一点儿	yìdiǎnr	40(3)
一模一样	yìmúyíyàng	52(4)
一直	yìzhí	109(9)
英语	Yīngyǔ	121(10)
赢	yíng	64(5)
永远	yǒngyuǎn	52(4)
油画	yóuhuà	84(7)
有点儿	yǒudiǎnr	40(3)
有些	yǒuxiē	132(11)
右	yòu	97(8)
又……又……	yòu……yòu……	97(8)
语文	yǔwén	121(10)
远	yuǎn	40(3)
粤菜	Yuècài	120(10)
越来越……	yuèláiyuè……	65(5)
晕	yūn	41(3)
运动鞋	yùndòngxié	52(4)

Z

早	zǎo	28(2)
摘	zhāi	84(7)
站	zhàn	65(5)
长	zhǎng	29(2)
涨价	zhǎngjià	120(10)
仗义	zhàngyì	53(4)
着急	zháojí	84(7)
照相	zhàoxiàng	65(5)
着	zhe	28(2)
正式	zhèngshì	109(9)
正宗	zhèngzōng	120(10)
只要	zhǐyào	64(5)
只要……，就……	zhǐyào……, jiù……	64(5)
种	zhǒng	64(5)
资料	zīliào	85(7)
左	zuǒ	97(8)
做菜	zuò cài	17(1)

다락원 홈페이지에서 MP3 파일
다운로드 및 실시간 재생

카이신 중국어 회화 4

지은이 한민이
펴낸이 정규도
펴낸곳 (주)다락원

초판 1쇄 발행 2017년 1월 31일
초판 3쇄 발행 2024년 12월 19일

기획·편집 이지연, 이상윤
디자인 조화연, 박선영
일러스트 조영남
녹음 曹红梅, 于海峰, 허강원

다락원 경기도 파주시 문발로 211
전화 (02)736-2031(내선 250~252/내선 430)
팩스 (02)732-2037
출판등록 1977년 9월 16일 제406-2008-000007호

Copyright ⓒ 2017, 한민이

저자 및 출판사의 허락 없이 이 책의 일부 또는 전부를 무단 복제·전재·발췌할 수 없습니다. 구입 후 철회는 회사 내규에 부합하는 경우에 가능하므로 구입처에 문의하시기 바랍니다. 분실·파손 등에 따른 소비자 피해에 대해서는 공정거래위원회에서 고시한 소비자 분쟁 해결 기준에 따라 보상 가능합니다. 잘못된 책은 바꿔 드립니다.

ISBN 978-89-277-2199-4 18720
978-89-277-2186-4 (set)

www.darakwon.co.kr
다락원 홈페이지를 방문하시면 상세한 출판 정보와 함께 동영상 강좌, MP3 자료 등 다양한 어학 정보를 얻으실 수 있습니다.